원가회계의 기초

박 진 모

UUP.

원가회계의 기초

■

- 2013년 8월 31일 초판 **발행**
  2013년 8월 27일 초판 **인쇄**
- **지은이** 박진모
- **펴낸이** 이 철
- **펴낸곳** UUP(울산대학교출판부) 680-749 울산광역시 남구 대학로 93(무거동) 울산대학교 출판부
- 전화 (052)259-2488 팩스 (052)277-3011 ▪ **홈페이지** http://uup.ulsan.ac.kr
- **출판등록** 제370-1996-000001호(1996.3.13)
- **₩ 10,000**

■

ISBN 978.89.7868.318.0(93310)

머 리 말

본 교재는 원가의 개념과 제품원가의 계산방법에 관한 기초적인 지식을 전달하기 위하여 마련된 책이다. 지난 수년간의 강의 경험에 비추어볼 때, 많은 학생들이 회계학을 어렵고 복잡한 것으로 생각하는 것 같다. 그럴 수밖에 없는 것이 일반 학생들은 사회 경험이 적다보니 복잡한 경제현상을 잘 이해하지 못하고, 특히 실무경험이 없다보니 이론적으로 배우는 내용이 피부에 와 닿지 않기 때문일 것이다. 더구나 회계학을 학습하다보면 일상생활에서 사용하지 않는 용어를 많이 접하게 되는데 이를 이해하고 익히는 것도 참으로 어렵고 힘든 과정이다. 그럼에도 불구하고 회계는 현대 사회를 살아가는 이들에게 필수요소가 되어가고 있으므로 회계에 대한 기초적인 내용을 이해하고 익히는 것 또한 필수적인 과정이라 생각한다.

본서에서는 제품원가계산을 위한 기본기를 갖출 수 있도록 기초적인 내용을 충분히 설명하였으며 해당 내용을 충분히 이해하고 익힐 수 있도록 종합형의 주관식 문제와 그에 대한 풀이를 제시하였다. 연습문제에 제시된 문제들은 관련 장에서 설명하고자 하는 내용에 부합하는 핵심문제를 엄선하여 해당 장의 내용을 전체적으로 정리할 수 있는 문제로 구성하였다. 본서를 반복하여 학습한다면 원가회계의 기초지식을 익히는 것은 물론이고, 세무사, 공인회계사, 감정평가사, 공무원시험 등 회계지식을 요구하는 각종 시험을 준비하는 데 많은 도움이 될 것으로 생각한다.

부디 본서가 원가회계를 이해하는 데 도움이 되고, 독자들이 이루고자 하는 꿈을 실현하는 데 조금이라도 도움이 되길 바란다. 본서의 출간에 많은 도움을 주신 울산대학교 출판부와 많은 조언을 해주신 선배·동료 교수님들, 그리고 사랑하는 가족에게 감사의 마음을 전합니다.

2013. 6

저자

차 례

제1장 원가회계의 의의

제2장 원가의 개념과 분류

제3장 부문별 원가계산

제4장 개별원가계산

제5장 종합원가계산

제6장 공손품회계

제7장 결합원가계산

제8장 표준원가계산

제9장 전부원가계산과 변동원가계산

Chapter 1

원가회계의 의의

제1절 회계의 의의와 분류

제2절 원가회계의 의의와 내용

제1절 회계의 의의와 분류

1 회계의 의의

회계(accounting)란 기업실체의 경제활동을 측정, 요약하여 정보이용자가 합리적인 의사결정을 하는데 유용한 정보를 보고하는 과정을 말한다. 회계의 대상은 기업실체의 경제활동, 즉 영업활동, 재무활동, 투자활동이고, 회계의 정보이용자는 주주, 채권자, 경영자 등 다양한 이해관계자들이 포함된다.

[그림 1-1] 회계정보의 이용자와 이해관계

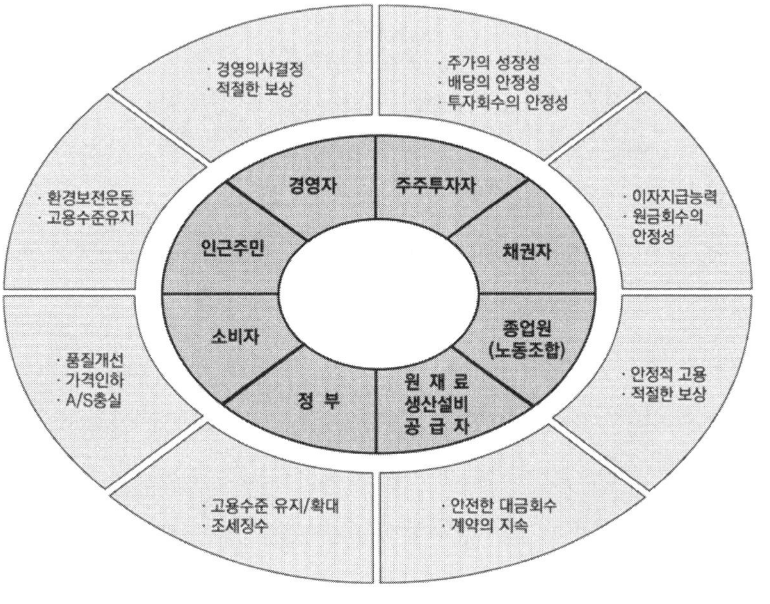

넓은 의미에서 보면 회계정보는 기업에 관한 총체적인 정보를 제공함으로써 자본시장을 유지하도록 하는데 근간이 된다. 대표적인 순기능을 살펴보면 우선 회계정보는 자본시장에서 정보를 가진 자와 그렇지 못한 자 간 정보비대칭(information asymmetry)으로 인한 역선택(adverse selection) 문제를 완화한다. 정보비대칭은 주로 기업과 투자자(혹은 채권자) 사이에 발생하며, 정보비대칭이 존재할 때 투자자는 어떤 기업에 투자할 지를 결정하기가 어려워진다. 회계정보의 공시는 기업이 자기 자신을 투자자에게 적극적으로 알리는 수단이 되며, 투자자는 기업이 제공하는 회계정보를 이용해 투자할 만한 기업을 결정함으로써 자본시장에서 역선택의 문제가 완화된다. 그리고 소유와 경영이 분리된 체제에서 수탁책임을 지고 있는 전문경영인과 주주 간 대리인문제(agency problem)가 발생할 수 있는데, 회계정보는 대리인문제를 완화하는 효율적인 감시수단이 된다. 또한 회계정보는 기업내부의 효율적 자원배분뿐만 아니라 한 경제체제 전체에서 자원의 소유자와 공급자간 자원 이동에 도움을 준다.

2 재무회계와 관리회계

[표 1-1] 재무회계와 관리회계의 차이

구 분	재무회계	관리회계
이 용 자	외부정보이용자 : 주주, 채권자, 정부기관 등	내부정보이용자 : 작업자, 중간관리자, 최고경영자 등
보 고 서	범용목적의 재무제표	특수목적의 보고서
범 위	전체조직에 대한 통합적 보고	부문조직에 대한 구체적·비통합적 보고
정보성격	객관적, 일관적, 신뢰할 수 있는 정보	좀 더 주관적, 합목적적인 정보
정보형태	재무적 측정치	재무적 측정치, 비재무적 측정치
적 시 성	역사적 과거사실에 대한 지연된 보고	현행, 미래지향적 보고
규 제	회계규칙에 의해 요구됨 회계기준과 일치해야 함	유용성이 있어서 작성됨 회계기준에 의해 제한되지 않음

회계는 정보이용자와 이들이 요구하는 정보의 성격에 따라 재무회계와 관리회계로 구분한다. 재무회계는 주주, 채권자, 그리고 정부당국 등과 같은 기업 외부의 정보이용자들의 합리적인 의사결정에 유용한 정보를 제공하려는 것이 목적이다. 재무회계는 외부의 이해관계자에게 정보를 제공하기 때문에 반드시 일반적으로 인정된 회계원칙(generally accepted accounting principles, GAAP)이라는 통일된 회계원칙에 따라 작성되

어져야 하며, 일정한 형식을 갖춘 재무보고서를 통해 제공되어 진다. 재무보고서는 재무상태표, 포괄손익계산서, 자본변동표, 현금흐름표 등으로 구성되며 정기적으로(1년, 반년, 분기 단위) 정보이용자에게 재무보고서를 제공해야 한다. 반면, 관리회계는 작업자, 중간관리자, 그리고 최고경영자 등과 같은 기업 내부의 정보이용자들의 합리적인 의사결정에 유용한 정보를 제공하려는 것이 목적이다. 관리회계는 내부의 정보이용자에게 정보를 제공하기 때문에 일반적인 기준 없이 자유로운 형태로 보고될 수 있다.

참고로 관리회계는 원가회계 및 관리회계로 구분하기도 한다. 원가회계는 원가를 집계하고 배분하여 결정하는 일련의 과정을 말한다. 원가회계는 제품원가를 결정하는 측면을 주로 다루며, 관리회계는 원가정보를 이용하여 통제하고 관리하는 측면을 주로 다룬다. 그러나 오늘날에는 원가회계와 관리회계를 통칭하여 원가관리회계라고 한다.

제2절 원가회계의 의의와 내용

1 원가회계의 의의

원가회계란 재무회계와 관리회계의 목적에 적합한 원가정보를 제공해 주는 회계시스템을 말한다. 회계학을 처음 접하게 되는 회계원리에서 우리는 주로 일반 상기업에 대한 회계처리를 중심으로 공부하였다. 상기업은 외부로부터 상품을 구매하여 이를 소비자에게 재판매함으로써 이익을 발생시키는 기업을 말한다. 이들은 제조시설을 갖지 않으며, 제조시설을 가진 다른 기업에서 생산해 놓은 제품을 구매해서 재판매할 뿐이다. 따라서 상기업의 주요 경영활동은 구매와 판매가 핵심이 된다.

이에 반해 제조기업은 제조시설을 보유하고 제품을 생산하는 기업을 말한다. 제조기업이 제품을 생산하기 위해서는 재료비, 노무비, 제조경비 등 다양한 원가가 발생한다. 따라서 제조기업의 주요 경영활동은 구매와 판매뿐만 아니라 생산활동을 포함하고 있다. 원재료와 노무비, 그리고 각 종 용역 등 생산요소를 구매하여 이를 생산활동에 투입함으로써 제품을 완성한 후 완성품을 판매하는 과정을 거치게 된다.

이렇게 상기업과 제조기업은 서로 다른 거래구조를 가지고 있으며, 그 구조에 따라 재화의 원가도 서로 다르게 산출된다. 상기업의 경우 상품원가는 제조기업 등에서 구매한 재화가치와 취득부대비용의 합으로 산출된다. 반면에 제조기업의 제품원가는 제품생산에 소비된 재료비, 노무비, 그리고 제조경비, 즉 다양한 생산요소에 대한 가치의 합으로 계산된다.

[표 1-2] 상기업과 제조기업의 비교

구분	상기업	제조기업
거래형태	외부로부터 상품을 구매하여 소비자에게 재판매	제조시설을 보유하여 직접 제작한 제품을 판매
주요경영활동	구내와 판매	구매와 판매 및 생산활동
원가의 산출	구매한 재화(상품)의 가치와 부대비용 합계	재화를 생산하는데에 있어서 투입된 각종 재료비, 노무비, 기타 경비의 합개, 즉 다양한 생산요소 가치의 합계

2 원가회계의 내용

다음에서 설명하는 내용은 앞으로 우리가 공부할 전체적인 내용을 간략하게 정리한 것이다. 따라서 전반적인 내용을 공부한 후에 다시 살펴보는 것이 유용할 것으로 생각된다.

1) 제품원가계산

원가관리회계는 제품원가계산에 필요한 원가정보를 제공한다. 제품원가를 계산하는 방법은 기업의 제품생산형태(원가집계방법), 원가측정시점, 제품원가(재고가능원가)에 포함되는 원가의 범위에 따라 다양하다.

① 제품생산형태에 따른 분류

· 개별원가계산

· 종합원가계산

② 원가측정시점에 따른 분류

· 실제원가계산

· 정상원가계산

· 표준원가계산

③ 제품원가에 포함되는 원가의 범위에 따른 분류

· 변동원가계산

· 전부원가계산

2) 계획과 통제

계획수립 및 예산편성과 통제를 위한 원가정보를 제공한다.

① 계획수립

계획은 사전적으로 조직의 목표를 구체적으로 설정하는 과정이다. 따라서 계획은 조직의 구체적인 활동에 앞서 수립되는 것이며 이 단계에서 조직의 목표를 반영하여야 한다.

② 예산편성

수립된 계획을 계수적으로 표현하는 과정이다. 즉, 계획은 대개 예산의 형태로 나타난다.

③ 통 제

계획단계에서 수립된 목표(예산)를 실제의 성과와 비교하여 당초 목표에서 벗어난 경우 조기시정(사전통제)하거나 성과평가(사후통제)를 하여 미래 계획수립에 다시 반영하는 과정이다. 즉, 통제는 대개 차이분석의 형태로 나타난다.

3) 성과평가

예산자료와 실제성과를 비교하여 차이를 분석하고 이를 기초로 차이의 원인을 규명하는데 필요한 원가정보를 제공한다.

① 원가중심점의 성과평가 : 표준원가계산의 차이분석

② 이익중심점의 성과평가 : 매출가격, 매출조업도 차이분석

③ 투자중심점의 성과평가 : 투자수익률, 잔여이익, 경제적부가가치

4) 의사결정

경영자가 직면하는 다양한 의사결정에 필요한 원가정보를 제공한다.

① 단기적 의사결정 : 관련원가분석

② 장기적 의사결정 : 자본예산

③ 불확실성하의 의사결정 : EVPI, EVSI

Chapter 2

원가의 개념과 분류

제1절 원가의 개념과 관련용어

1 원가의 개념

원가(cost)는 특정 목적을 달성하기 위하여 희생된 경제적 자원을 화폐단위로 측정한 것이다. 즉, 원가는 어떤 재화나 용역을 획득하기 위하여 희생된 자원의 가치를 말한다.

원가의 정의에는 여러 가지 의미가 포함되어 있다.

첫째, 원가는 재화를 획득하는 과정에서 발생한 것이어야 한다. 예를 들어 A, B 두 사람이 있는데, A는 제품생산을 담당하고, B는 판매 및 관리를 담당하고 있다면 두 사람의 인건비 가운데 제품원가에 포함되어야 하는 것은 어느 것인가? 답은 생산을 담당하고 있는 A의 인건비이다. A의 인건비를 제조원가(manufacturing costs) 또는 제품원가(product costs)라고 한다. 반면 B의 인건비는 손익계산서의 판매비및일반관리비에 포함되어야 하는 기간비용(period cost)이다. 또 다른 예로 감가상각비를 들 수 있다. 공장건물과 본사건물에서 감가상각비가 발생한 경우 제품원가에 포함되는 것은 공장건물의 감가상각비이다.

[그림 2-1] 제품원가와 기간비용의 구분

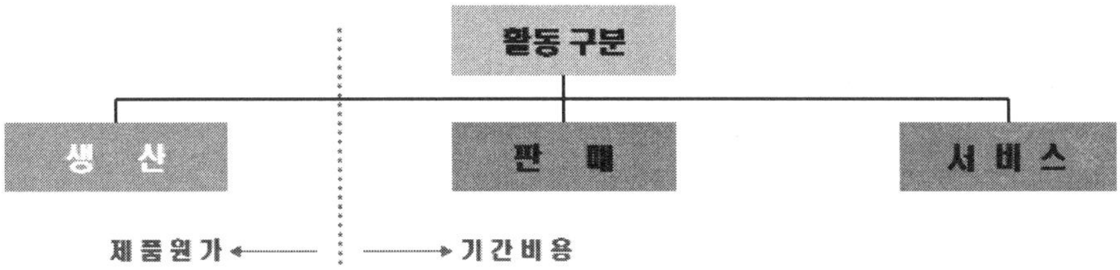

둘째, 화폐가치로 측정가능한 것이어야 한다. 예를 들어 재료는 구입수량과 구입가격이 있기 때문에 총 얼마나 구입하였는지 측정할 수 있다. 또한 그 재료를 얼마나 제품생산에 소비하였는지도 측정가능하다. 그러나 종업원들의 능력이나 조직관리능력 등과 같은 것은 기업의 경쟁력이나 부가가치 창출에 기여하는 것이긴 하지만 그것을 화폐가치로 측정하기는 매우 어려우므로 제품원가에 포함하지 않는다.

셋째, 경제적 가치가 소비된 것이어야 한다. 예를 들어 제품생산을 위해 보유하는 원재료가 총 10,000원을 보유하고 있었는데 생산완료 후 남은 원재료가 3,000원 가량이라면 7,000원의 원재료는 생산에 소비되었음을 알 수 있다. 이 경우 생산에 소비된 원재료의 경제적 가치인 7,000원이 제품원가에 포함되고, 남은 3,000원은 재무상태표상의 재고자산에 포함되어야 한다.

[표 2-1] 제품원가와 기간비용의 비교

구 분	Product cost(제품원가)	Perlod cost(기간비용)
개 념	생산활동과 직접/간접 관련 비용	생산과 무관한 비용
사 례	직접재료비, 직접노무비, 제조간접비	판매비, 관리비
회계처리	발생되면 일단 자산 제품판매시 비용으로(단, 수익창출에 사용될 경우)	무조건 당기비용
순이익효과	순이익 변하지 않음	순이익 감소 효과

2 용어의 정의

(1) 원가집계(cost accumulation) : 원가집계는 회계시스템을 통하여 조직적인 방법으로 원가자료를 모으는 것을 말한다.

(2) 원가대상(cost objective) : 원가대상은 원가가 측정되어지는 어떤 제품, 활동, 부서, 또는 프로젝트 등이다. 즉, 원가를 집계하기 위한 대상(객체)를 말한다. 이 원가대상을 좀 더 정확하고 명료하게 정의하게 되면 의사결정에 사용되는 원가측정 결과는 보다 정확해진다.

(3) 원가집합(cost pool) : 원가대상에 배분될 관련 비용의 집합체를 원가집합이라 한다. 즉, 원가대상에 직접 부과되지 않은 원가를 집계한 것을 원가집합이라 한다. 원가집합에 축적된 원가는 보통 두개 이상의 원가대상에 기여하기 위하여 발생하므로 공통원가이다.

(4) 원가배분(cost allocation) : 공통원가를 합리적인 배부기준에 의하여 원가대상에 할당하는 것을 원가배분이라 한다.

(5) 원가배부(cost application) : 특수한 형태의 원가배분을 가리키는 것으로 집계한 원가를 최종적으로 제품에 할당하는 것을 말한다. 즉, 활동이나 부문에 배분하는 것이 아니라 제품에 배분하는 것을 원가배부라 한다. 그러나 일반적으로 원가배부와 원가배분은 혼용하여 쓰고 있다.

제2절 원가의 분류

1 제조원가와 비제조원가

원가는 제조활동과의 관련 여부에 따라 제조원가 및 비제조원가로 구분된다. 제조원가는 제품을 생산하기 위해 소요되는 모든 원가를 말하며, 비제조원가는 기업의 제조활동과 관계없이 제품의 판매활동과 일반관리활동에서 발생하는 원가를 비제조원가라 한다. 비제조원가에는 광고비, 선적비, 판매수수료, 판매직원에 대한 급료 등과 같은 판매비와 경영자의 급료, 일반사무비용, 사무용 시설의 보험료, 감가상각비 등과 같은 일반관리비가 있다.

2 제품원가와 기간원가

원가는 재고가능 여부에 따라 제품원가와 기간원가로 구분된다. 원가가 발생하면 일단 재고자산(원재료, 재공품, 제품)으로 계상한 뒤 제품이 판매될 때 비용화하는데 이 원가를 제품원가라 한다. 즉, 제품원가는 재고가능원가를 의미한다. 반면 제품생산과 관련없이 발생된 원가로 발생된 기간에 비용으로 처리하는 원가를 기간원가라 한다. 즉, 기간원가는 재고불능원가를 의미한다.

3 직접원가와 간접원가

원가는 추적가능성에 따라 직접원가(direct costs)와 간접원가(indirect costs)로 구분된다. 직접원가는 특정 원가대상에 직접적으로 추적가능한 원가를 의미하고, 특정 원가대상에 직접적으로 추적할 수 없는 원가를 간접원가라 한다. 어떤 원가를 직접원가로 분류하기 위해서는 다음 두 가지 조건을 만족해야 한다. 첫째는 원가대상인 제품이나 활동에 대한 추적가능성(traceability)이고 둘째는 중요성(materiality)이다. 원가대상에 추적 가능하더라도 그 금액이 중요하지 않다면 보통 간접원가로 분류한다. 따라서 특정 원가대상에 직접적으로 추적가능하다고 하더라도 중요성이 없는 원가인 경우에는 간접원가로 분류한다. 간접원가의 경우에는 특정 원가대상에 직접적으로 추적할 수 없으므로 집계된 간접원가를 합리적인 배분기준에 따라 원가대상에 배분하여야 한다. 예를 들어 책상과 의자를 생산하는데 필요한 주재료인 목재는 각 제품별로 얼마나 소비되었는지를 쉽게 파악할 수 있는 반면에 못은 추적이 매우 어렵다. 목재는 원가대상인 책상 또는 의자별로 얼마나 소비되었는지를 추적가능하므로 직접원가에 해당하고 못은 추적이 어려우므로 간접원가에 해당한다.

[그림 2-2] 원가추적과 원가배부

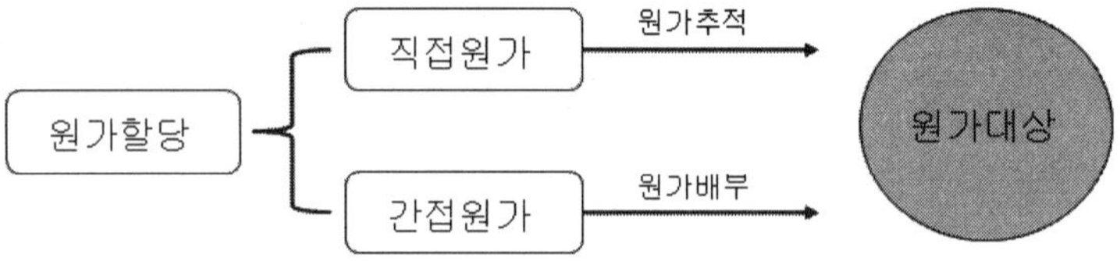

제3절 제조원가의 분류

1 제조기업의 경영활동

제조기업은 원재료를 매입하고 이를 가공하여 제품을 생산한 뒤에 그 제품을 판매함으로써 이익을 얻는 기업이다. 그러므로 이미 완성된 상품을 구입하여 다시 판매함으로써 이익을 얻는 상기업과는 경영활동 자체가 다르다. 제조기업의 경영활동은 다음 [그림2-2]와 같이 구매과정, 제조과정, 판매과정으로 구분할 수 있다.

[그림 2-3] 제조기업의 경영활동

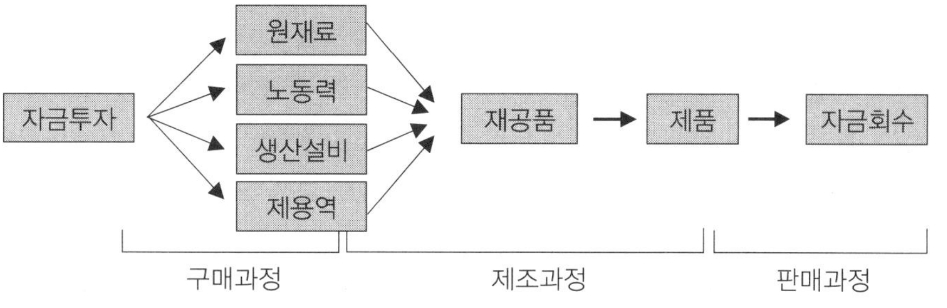

2 제조원가의 분류

1) 제조원가의 개념

제조기업은 제조활동을 통하여 제품을 생산한다. 제조활동은 투입된 원재료를 노동력과 생산시설을 이용하여 가공하는 활동을 의미한다. 이 제조활동과정에서 발생하는 원가를 제조원가라한다.

2) 제조원가의 3요소

제조원가는 재료원가(material cost), 노무원가(labor costs), 제조경비(manufacturing costs)로 구성된다. 재료원가와 노무원가는 발생액을 원가대상에 직접 추적가능한 부분과 그렇지 않은 부분으로 나뉘어 진다. 추적가능성에 따라 재료원가는 직접재료비와 간접재료비로 구분되며, 노무원가는 직접노무비와 간접노무비로 구분된다. 제조경비는 재료원가와 노무원가를 제외한 기타의 제조원가를 말한다. 제조경비는 대게 원가대상별로 추적이 불가능한 경우가 많으며, 간접재료비, 간접노무비, 그리고 제조경비를 합하여 제조간접비(manufacturing overhead costs)라고 부른다. 따라서 제조원가의 3요소는 직접재료비(direct material costs, DM), 직접노무비(direct labor costs, DL), 제조간접비의 3가지를 말한다.

• 직접재료비 : 직접재료비(direct materials cost)는 직접재료의 원가인데 특정제품의 생산에 구체적으로 식별시킬 수 있는 원재료이다. 한편, 제조과정에서 사용되는 원재료 중에는 제품의 일부분을 형성하지 않거나 형성하더라도 전체 제조원가에 비하여 그 중요성이 미약한 것이 있다. 이러한 원재료는 간접재료라 한다. 간접재료의 원가인 간접재료비는 제조간접비에 포함된다.
• 직접노무비 : 직접노무비(direct labor cost)는 특정제품이나 제품군의 생산과 관련하여 직접적으로 발생하는 원가이며 구체적으로 식별가능하다. 간접노무를 제공하는 종업원의 노무비는 간접노무비(indirect labor cost)라 하는데 간접노무비는 간접재료비와 그 밖의 제조간접비 항목과 함께 제조간접비에 포함된다.
• 제조간접비 : 제조간접비(manufacturing overhead cost)는 직접재료비와 직접노무비 이외에 제품 생산에 필요한 모든 원가로 구성된다. 즉, 모든 간접제조비용을 총칭하여 제조간접비라 하는데 이의 특징은 제품생산에 필요한 원가이지만 특정제품이나 제품군과 직접적으로 연계시켜서 식별하기는 어렵다는데 있다.

3) 기초원가와 가공원가

제품원가는 그 성격에 따라 기초원가와 가공원가로 구분되기도 한다. 직접재료비와 직접노무비를 합하여 기초원가(기본원가)라고 하며, 직접노무비와 제조간접비를 합하여 가공원가(전환원가, 가공비)라고 한다.

[그림 2-4] 원가분류의 요약

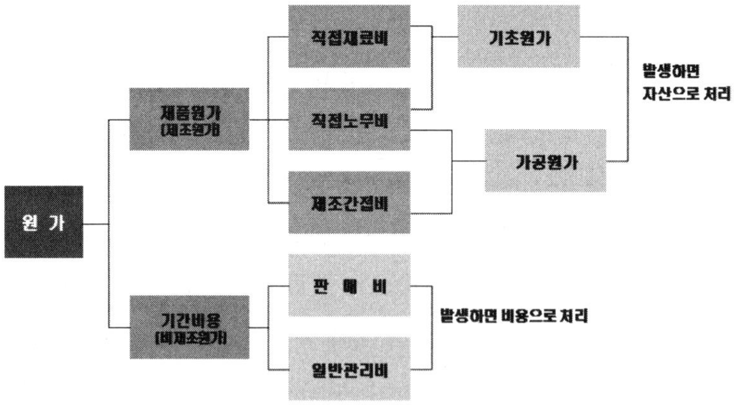

3 제조원가의 흐름

1) 제조원가의 흐름

제조기업의 재고자산은 원재료, 재공품, 제품으로 구분할 수 있다.

- 원재료 : 완제품으로 전환되는 기본적인 자재투입물을 원재료(raw materials)라 칭한다. 원재료라고 해서 철강석, 목재등과 같이 아주 기본적인 자원일 필요는 없다.
- 재공품 : 완제품으로 전환되는 과정에 있는 미완성된 제품을 재공품(work in process)이라 칭한다. 많은 다양한 가공단계에 있는 제품들이 동시에 재공품이 될 수 있다.
- 완제품 : 완성되어 판매할 수 있는 제품을 완제품 (finished goods)이라 칭한다. 제조기업에 있어서 완제품재고는 상기업에 있어서 상품재고와 유사하다.

[그림 2-3] 제조원가의 흐름

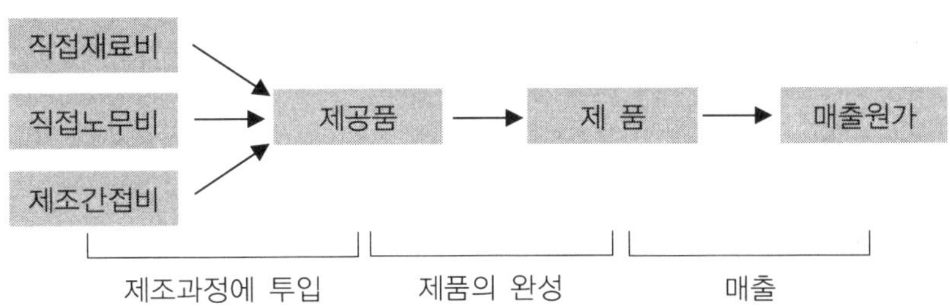

2) 제조원가명세서

생산요소를 투입하여 제품으로 전환되는 과정에서 원가흐름은 모두 재공품계정에 집계되며, 재공품 중에서 당기에 완성된 제품의 원가는 당기제품제조원가(cost of goods manufactured)로 제품계정에 대체된다. 이를 작성한 표를 제조원가명세서라 하며 그 양식은 다음 [표 2-2]과 같다.

[표 2-2] 제조원가명세서

과목		
Ⅰ.직접재료비		
1. 기초원재료재고액	×××	
2. 당기원재료매입액	×××	
3. 합 계	×××	
4. 기말원재료재고액	(×××)	×××
Ⅱ.직접노무비		×××
Ⅲ.제조간접비		
1. 감가상각비	×××	
2. 동력비	×××	
3. 보험료	×××	
⋮	⋮	×××
Ⅳ.당기총제조원가		×××
Ⅴ.기초재공품재고액		×××
Ⅵ.합 계		×××
Ⅶ.기말재공품재고액		(×××)
Ⅷ.당기제품제조원가		×××

제조원가명세서와 관련하여 다음을 주의하여야 한다.

① 당기총제조원가는 당기에 투입된 총원가를 의미한다. 즉, 당기에 발생된 직접재료비, 직접노무비, 제조간접비의 합계이다.

② 당기제품제조원가는 당기에 완성된 제품의 원가를 의미한다. 즉, 전기 투입분인지 당기 투입분인지를 불문하고 당기에 완성된 제품과 관련된 원가라면 당기제품제조원가에 포함된다. 그러므로 당기제품제조원가를 산정할 때는 기초재공품과 기말재공품을 고려하는 것이다. 완성된 제품을 의미하기 때문에 명칭자체가 당기제품제조원가이다.

3) 제조원가의 흐름과 제조원가명세서 및 손익계산서의 관계

제조원가의 흐름 중에서 재공품 계정과 관련된 내용을 작성한 표가 제조원가명세서이고 제품계정과 관련된 내용을 작성하면 손익계산서상의 매출원가가 된다. 이들의 관계를 그림으로 나타내면 다음 [그림 2-4]와 같다.

[그림 2-4] 원가계산의 흐름

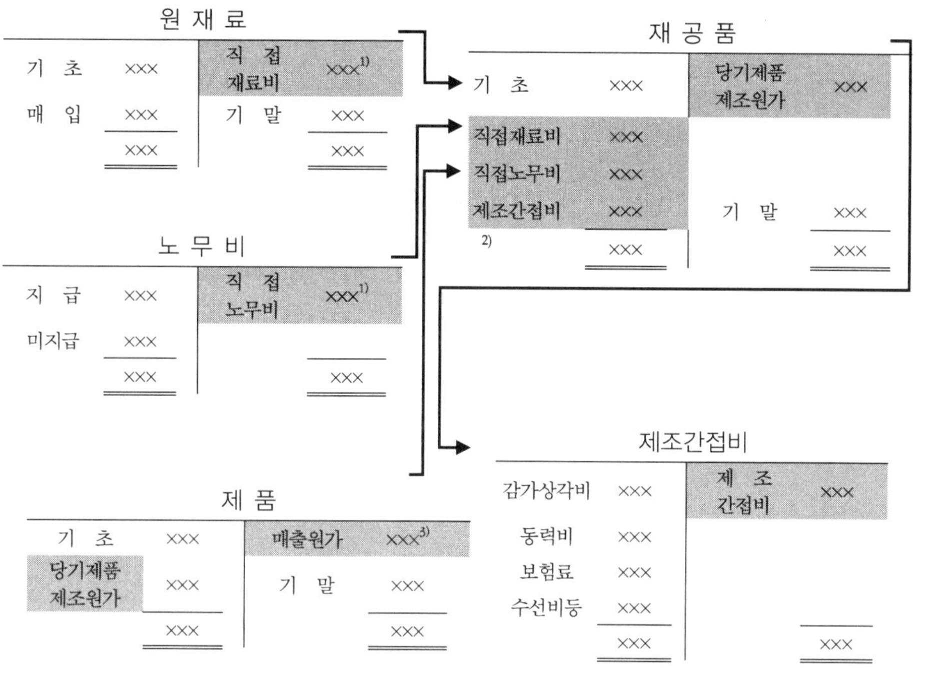

손익계산서

(주)태종		20×3.1.1~20×3.12.31
I 매출액		xxx
II 매출원가		
1. 기초제품재고액	xxx	
2. 당기제품제조원가	xxx	
3. 합계[4]	xxx	
4. 기말제품재고액	(xxx)	xxx
III 매출총이익		xxx
·		·
·		·

1) 간접재료비나 간접노무비가 있다면 제조간접비계정의 차변에 기입하여 기타제조간접비와 합산된다.
2) 이 부분은 제조원가명세서상 당기총제조원가이다.
3) 매출원가를 손익계산서양식으로 표현하면 손익계산서의 'II.매출원가' 부분이 된다.
4) 합계를 '총판매가능제품'이라고도 한다.

4 회계처리

1) 원재료계정

① 원재료 구입시

(차) 원 재 료	×××	(대) 현 금	×××
		매입채무	×××

② 원재료 투입시

(차) 재 공 품	×××	(대) 원 재 료	×××
제조간접비	×××		

2) 노무비계정

① 노무비 발생시

(차) 노 무 비	×××	(대) 현 금	×××
		미지급임금	×××

② 제조과정에 대체시

(차) 재 공 품	×××	(대) 노 무 비	×××
제조간접비	×××		

3) 제조간접비계정

① 제조간접비 발생시

(차) 제조간접비	×××	(대) 감가상각비	×××
		동 력 비	×××

② 제조간접비를 재공품계정에 배부시

(차) 재 공 품	×××	(대) 제조간접비	×××

4) 재공품계정

제품완성시

(차) 제 품	×××	(대) 재 공 품	×××

5) 제품계정

제품판매시

(차) 매출원가	×××	(대) 제 품	×××

제4절 원가의 행태

원가행태(cost behavior)란 관련범위 내에서 조업도(활동량)가 변화함에 따라 원가가 어떻게 변화하는지를 나타내 주는 변화형태를 말한다. 조업도의 측정치에는 매출액, 생산량, 기계사용시간, 원재료 소모량, 서비스를 제공받는 고객수 등이 있다. 원가행태 분석은 계획수립 및 내부의사결정에 유용한 개념으로서 기업활동(조업도)의 변화에 따른 특정 원가의 반응을 일컫는다.

일반적으로 원가행태는 선형으로 특정지을 수는 없다. 하지만 관리회계에서 원가는 관련범위(relevant range) 내에서는 선형의 형태를 띄는 것으로 가정하여 원가행태분석을 행한다. 여기서 관련범위란 한 기업이 단기간 동안에 활동을 효율적으로 수행할 수 있는 활동범위를 의미한다. 실제로는 원가의 행태가 비선형이지만 관련범위 안에서는 원가행태를 선형으로 가정하여 큰 무리가 없다.

[그림 2-5] 관련범위의 개념

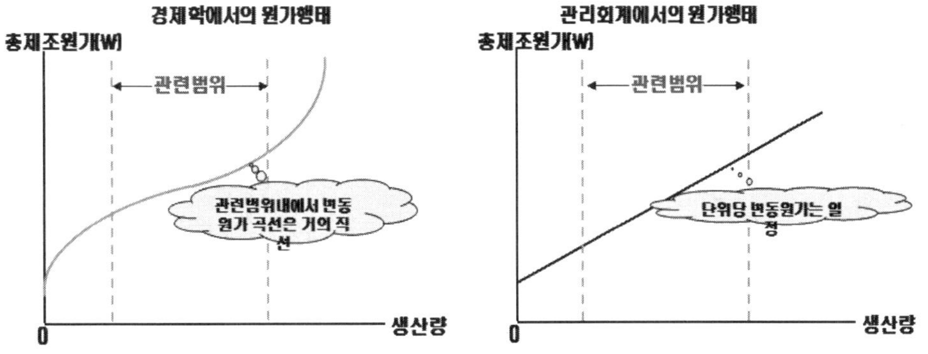

원가행태는 변동원가, 고정원가, 혼합원가(준변동원가), 그리고 계단식원가(준고정원가)로 구분할 수 있다.

1) 변동원가(variable cost)

관련범위 내에서 조업도 수준의 증감에 따라 그 원가 총액이 비례적으로 변화하는 원가를 변동원가라고 한다. 변동원가의 예로는 직접재료비, 직접노무비 등을 들 수 있다. 변동원가는 조업도수준이 0이면 발생원가도 0을 유지하게 되며, 조업도 단위당 변동원가는 관련범위 내에서 일정한 상수를 갖는다.

[그림 2-6] 변동원가

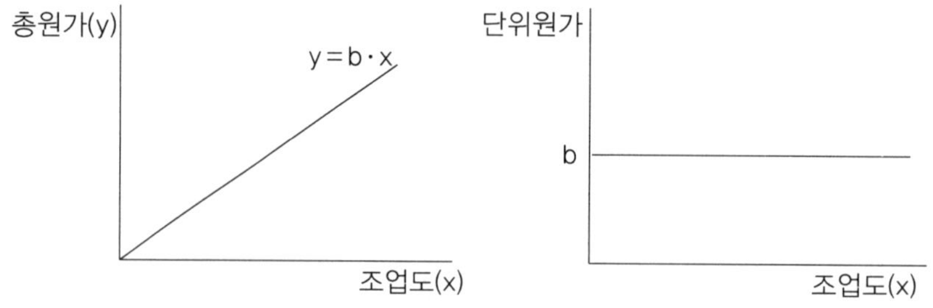

2) 고정원가

관련범위 내에서 조업도 수준의 변화에도 불구하고 총원가가 전혀 변하지 않고 일정하게 발생하는 원가를 고정원가(fixed cost)라 한다. 고정원가는 전체원가가 고정되어 일정하기 때문에 단위당 고정원가는 조업도 수준이 증가함에 따라 반비례적으로 감소하는 형태를 보인다. 고정원가의 예에는 감가상각비, 재산세, 임차료, 관리직의 봉급, 연구개발비, 광고비 등이 있다.

[그림 2-7] 고정원가

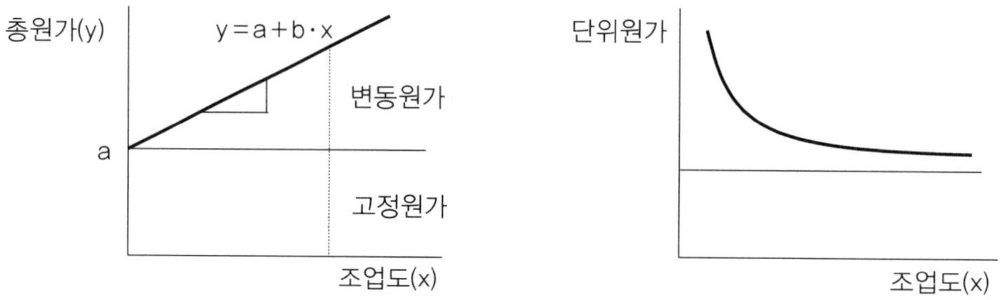

3) 혼합원가

혼합원가(mixed cost)는 고정원가와 변동원가의 요소를 모두 포함하고 있는 원가를 말한다. 혼합원가의 예에는 전력비, 판매원의 보상액, 수선비 등이 있다.

[그림 2-8] 혼합원가

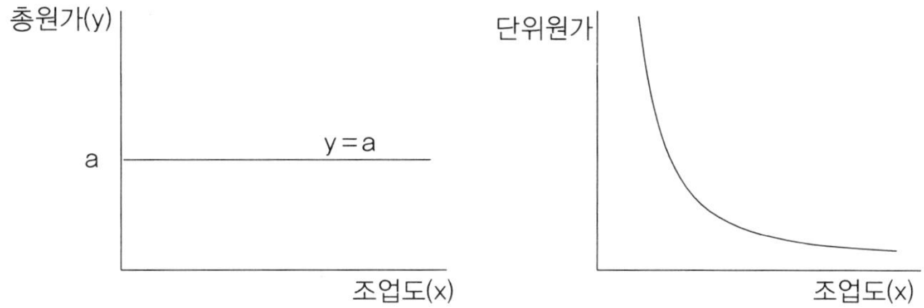

4) 계단식원가

[그림 2-9] 계단식원가

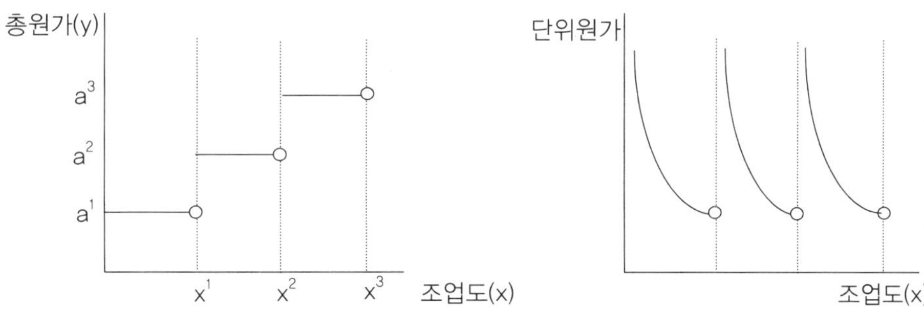

계단식원가(step cost)는 총원가가 일정 조업구간 내에서는 고정비의 행태를 보이다가 조업구간이 바뀌면 총원가가 점프하여 다시 고정비의 행태를 보이는 원가를 말한다. 계단식원가는 생산투입요소가 불가분성을 갖기 때문에 발생하며, 계단식원가의 행태를 보이는 대표적인 원가로는 감독자의 급여를 들 수 있다.

문제 1 제조원가의 흐름

어람(주)의 다음 자료를 참조하여 물음에 답하시오.

	20×1년말	20×2년말
원재료재고액	40,000	70,000
재공품재고액	50,000	85,000
제품재고액	43,000	208,000
원재료매입액		330,000
직접노무비		200,000
제조간접비		600,000
매출액		1,200,000

요구사항

1. 당기 원재료 사용액(직접재료비)은 얼마인가?

2. 기초원가와 가공원가는 각각 얼마인가?

3. 직접노무비가 기초원가에서 차지하는 비율은 얼마인가?

4. 20×1년말과 20×2년말의 미지급임금이 각각 ₩30,000과 ₩24,000이라면 당기 지급한 노무비는 얼마인가? 단, 간접노무비는 없다.

5. 20×2년의 제조원가명세서를 작성하시오.

   단, 제조간접비는 공장감가상각비 ₩430,000과 전력비 ₩170,000으로 이루어져 있다.

6. 제조원가명세서의 내용을 재공품계정에 표시하시오.

7. 매출원가와 매출총이익률은 얼마인가?

해답

1.

원 재 료

기 초	40,000	사 용	300,000
매 입	330,000	기 말	70,000
	370,000		370,000

2.

기초원가 = 300,000 + 200,000 = ₩500,000

가공원가 = 200,000 + 600,000 = ₩800,000

3.

$$\frac{200,000}{500,000} = 40\%$$

4.

미지급임금

지 급	206,000	기 초	30,000
기 말	24,000	노 무 비	200,000
	230,000		230,000

5.

조원가명세서

Ⅰ.직접재료비		
1. 기초원재료재고액	40,000	
2. 당기원재료매입액	330,000	
3. 합 계	370,000	
4. 기말원재료재고액	(70,000)	300,000
Ⅱ.직접노무비		200,000
Ⅲ.제조간접비		
1. 감 가 상 각 비	430,000	
2. 전 력 비	170,000	600,000
Ⅳ.당기총제조원가		1,100,000
Ⅴ.기 초 재 공 품		50,000
Ⅵ.합 계		1,150,000
Ⅶ.기 말 재 공 품		(85,000)
Ⅷ.당기제품제조원가		1,065,000

6.

재 공 품			
기　　초	50,000	제　품	1,065,000
직접재료비	300,000		
직접노무비	200,000		
제조간접비	600,000	기　말	85,000
	1,150,000		1,150,000

7.

매출원가 = 43,000+1,065,000−208,000 = ₩900,000

매출총이익률 = $\frac{\text{매출총이익}}{\text{매출액}} = \frac{(1,200,000-900,000)}{1,200,000}$ = 25%

문제 2 변동원가와 고정원가 및 제품원가원가추정

어람(주)는 단일품목을 제조하고 있다. 원가는 다음과 같다.
단, V는 변동원가, F는 고정원가를 나타낸다.

완성된 제품수량	100,000단위
발생원가 :	
직접재료비	₩165,000 V
직접노무비	70,000 V
동력비	5,000 V
간접노무비	10,000 V
간접노무비	20,000 F
기타제조간접비	8,000 V
기타제조간접비	20,000 F
20×3년 기말 재공품재고	—
20×3년 기말 직접재료재고수량	2,000kg
20×3년 기말 제품재고	₩26,820

20×1년의 매출액은 ₩318,500이다. 20×1년 기초 재고자산은 없었다. 회사의 기말 제품재고는 20×3년의 단위당 평균제조원가로 계산되었다. 직접재료의 가격은 연중 변함이 없었다. 제품 한 단위를 제조하기 위해서는 직접재료 3kg이 필요하다.

요구사항

1. 20×1년의 매출원가는 얼마인가?

2. 20×1년 기말의 직접재료재고액을 계산하시오.

3. 20×1년 기말의 제품재고수량을 산출하시오.

4. 20×1년의 단위당 판매가격을 산출하시오.

5. 20×2년에 80,000단위를 생산하여 85,000단위를 판매한 경우에 매출원가는 얼마인가? 단, 20×2년의 원가구조는 20×1년과 동일하며, 선입선출법과 전부원가계산을 가정한다. 그리고 기말재공품재고는 없다.

6. 생산수량에 따라 단위당 제품원가가 달라질 수 있는가? 그 이유는 무엇인가?

해답

1. 당기제품제조원가

= 165,000+70,000+5,000+10,000+20,000+8,000+20,000

= ₩298,000

∴ 매출원가 = 298,000−26,820 = ₩271,180

2. kg당 원가 = $\dfrac{165,000}{100,000\times 3}$ = ₩0.55

기말직접재료재고액 = 2,000×0.55 = ₩1,100

3. 제품단위당원가 = $\dfrac{298,000}{100,000}$ = ₩2.98

기말제품수량 = $\dfrac{26,820}{2.98}$ = 9,000단위

4. 단위당판매가격 = $\dfrac{318,500}{(100,000-9,000)}$ = ₩3.5

5.

매출원가	기 초		=	26,820
	당기제품제조원가	80,000×2.58[1]+40,000[2]	=	246,400
	기 말	3.08[3]×4,000[4]	=	(12,320)
				260,900

1) V = 165,000+70,000+5,000+10,000+8,000 = 258,000

$\dfrac{258,000}{100,000}$ = @₩2.58

2) F = 20,000 + 20,000 = 40,000

3) $\frac{246,400}{80,000} = 3.08$

4) 9,000 + 80,000 − 85,000 = 4,000

6. 생산수량에 따라 단위당 제품원가가 달라질 수 있다. 왜냐하면 고정비는 관련범위 내에서 생산수량과 관계없이 일정액으로 발생하기 때문에 생산수량이 많아지면 단가가 낮아지고 생산수량이 적어지면 단가가 높아지기 때문이다.

Chapter 3

부문별 원가계산

제1절 제조간접비 배부의 의의

1 원가계산과 제조간접비

제품의 생산을 위해서는 다양한 부문을 거쳐야 한다. 최종 제품의 생산에 기여하는 부문에서는 다양한 원가가 발생하는데, 이 때 원가가 발생되는 장소를 원가중심점(cost venter) 혹은 원가부문(cost department)라고 한다. 발생된 원가는 그 원가가 발생된 장소, 즉 원가중심점별로 집계된다.

제품의 원가는 직접재료비, 직접노무비, 그리고 제조간접비의 3요소로 구성되므로 최종 제품의 생산원가는 이 3요소를 어떻게 측정하는가에 따라 달라진다. 이 중 직접비는 특정 제품에 소비된 원가를 직접 추적 가능하므로 해당 제품에 할당하여 계산하면 된다. 그러나 간접비는 여러 제품을 생산하는데 간접적으로 기여하였다는 이질적인 특성을 가진 원가요소들로 구성되며, 특정 제품을 생산하는데만 소비된 것이 아니기 때문에 해당 제품에 직접적으로 할당할 수 없다. 따라서 제조간접비는 합리적인 배부절차에 따라 특정 제품에 배부하는 과정을 거쳐야 하며, 어떤 기준을 사용하여 배부하는가에 따라 제품 원가 계산이 달라지게 된다. 제조간접비는 제품의 원가계산을 복잡하고 어렵게 만드는 요소이며, 정확한 제품 원가계산을 위해서는 제조간접비의 배부가 매우 중요하게 된다.

2 제조부문과 보조부문

일반적으로 제조기업에서는 원재료가 투입되어 제품이 완성되기까지 여러 가지 제조과정을 거치게 되며 기업은 각 제조과정을 기능에 따라서 구분하여 관리하는데 그 관리단위를 부문(department)이라고 한다. 제품생산을 직접 담당하는 부서를 제조부문이라 하고, 생산을 지원하는 부서를 보조부문 또는 서비스부문이라고 한다. 보조부문의 활동은 제품을 생산하는데 필요한 활동이기 때문에 보조부문에서 발생된 원가도 제품원가의 일부를 구성하여야 한다.

제조부문은 제품생산에 직접 참여하는 부서이고, 보조부문은 직접 제품생산에 참여하지는 않지만 제조공정의 원활한 흐름을 위하여 보조적인 역할을 하는 부서이다. 원가요소는 공장에서 발생되고 집계되기 때문에 원가계산과정을 이해하기 위해서는 실제 제품생산이 이루어지는 공장에 대한 이해가 필요하다.

[그림 3-1] 제조부문과 보조부문

3 원가배분의 의의와 배분기준

1) 의 의

직접원가는 원가대상에 추적가능하므로 원가대상에 직접 추적·집계한다. 그러나 간접원가는 특정 원가대상과 인과관계가 불분명하여 원가대상에 추적불가능하기 때문에 합리적인 배부기준에 의하여 원가대상에 배분하는 것이 필요하다. 간접원가는 비록 원가대상에 직접 추적할 수 없는 원가라 하더라도 제품을 생산하기 위하여 필수적으로 발생한 원가이므로 제품원가를 구성하여야 하며, 제품원가를 구성하려면 합리적인 기준에 의하여 원가대상에 배분되어야 한다.

2) 목 적

① 외부보고를 위해 재고자산을 평가하고 매출원가를 결정하기 위하여 원가배분을 한다.
② 경영자의 계획과 의사결정에 유용한 정보를 제공하기 위하여 원가배분을 한다.
③ 부문경영자나 종업원의 성과를 평가하기 위하여 원가배분을 한다.
④ 올바른 가격결정을 위하여 원가배분을 한다.

3) 원가배분기준

원가배분은 본질적으로 임의적이지만 위에서 설명한 것처럼 반드시 필요하기 때문에 가장 합리적인 방법으로 배분하여야 한다. 원가배분의 기준에는 다음과 같은 것들이 있다.

① 인과관계기준 : 원가를 발생시킨 원인에 따라 원가를 배분하여야 한다는 기준이다. 이 기준은 공통원가의 발생과 원가대상 사이에 인과관계가 명확히 존재할 경우에는 가장 합리적인 기준이다.
② 수혜기준(수익자 부담기준) : 원가발생으로 인하여 원가대상이 경제적 효익을 얻은 경우에 수혜를 받은 효익의 크기에 따라 원가를 배분하여야 한다는 기준이다.
③ 부담능력기준 : 원가대상이 원가를 부담할 수 있는 능력에 따라 원가를 배분하여야 한다는 기준이다. 성과가 높은 사업부에서 부담하는 원가가 커지므로 사업부 경영자의 사기가 저하되고 도덕적 해이가 발생할 수 있다.
④ 공정성과 공평성기준 : 원가배분이 공정하고 공평하게 이루어져야 한다는 기준으로 이는 원가배분기준이라기 보다는 원가배분의 목표라고 할 수 있다.

4 제조간접비의 배분 과정

모든 부문에 집계된 원가는 결국은 제품을 생산하기 위하여 발생한 원가이므로 다음 단계를 통하여 최종원가대상인 제품에 배분되어야 한다. 다만, 직접재료비와 직접노무비는 최종원가대상에 직접 추적할 수 있으므로 여기서 말하는 원가배분의 대상이 아니며 우리가 검토해야할 대상은 제조간접비이다.

① 제조간접비를 구성하는 여러 원가요소를 부문별로 집계한다. 부문개별원가는 보조부문과 제조부문에 직접 추적하고 부문공통원가는 합리적인 배분기준에 따라

보조부문과 제조부문에 배분한다.

② 보조부문원가를 제조부문에 배분한다. 보조부문의 원가는 제품과 직접적인 인과관계가 없으므로 제품에 직접 배부할 수 없다. 그러므로 보조부문의 원가는 제조부문에 일단 배분한 후에 제조부문에서 발생한 제조간접비와 합하여 다시 제품에 배분한다.

③ 제조부문원가를 제품에 배분한다. 제조부문에서 자체적으로 발생한 원가와 보조부문에서 배부받은 원가를 합하여 제품에 배분한다.

[그림 3-2] 제조간접비의 배분 과정

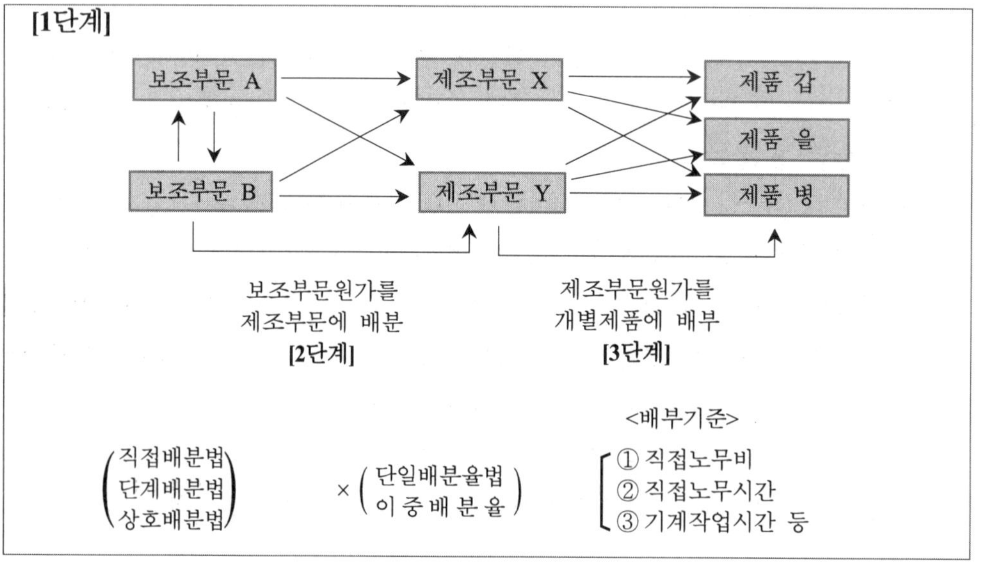

제2절 부문별 제조간접비 배분

1 부문공통비의 배분

부문공통비는 제조부문과 보조부문 등 공장의 전 부문들이 그 혜택을 받음으로써 발생한 원가요소이다. 예를 들어 제품 생산을 위해서는 절단공정과 조립공정을 거쳐야 하는 경우를 생각해보자. 각 공정의 운영을 위해서는 수선부문과 동력부문의 두 가지 보조부문이 필요하다고 가정한다. 절단공정과 조립공정은 제품을 직접생산하는 공정이므로 제조부문에 해당한다. 이 경우 공장건물에서 발생하는 감가상각비를 어느 부문에서 부담하여야 하는가? 공장건물의 유지는 절단공정, 조립공정, 수선부문, 동력부문 모두가 혜택을 받는 것이므로 공장건물의 유지로 인해 발생하는 감가상각비는 네 부문 모두가 부담하여야 할 것이다. 이 때 공장건물의 감가상각비를 부문공통비라고 한다.

부문공통비는 합리적인 기준에 따라 각 부문이 받은 혜택에 비례하여 배부되어져야 한다. 배부기준의 예는 [그림 3-3]과 같다.

[그림 3-3] 부문공통비와 배부기준 예시

부 문 공 통 비	배 부 기 준
건물의 감가상각비와 보험료	각 부문의 점유면적
기계의 감각상각비	각 부문의 기계사용기간
전력요금	각 부문의 전력사용량
복리후생비	각 부문의 종업원 수 or 노무비
건물임차료	각 부문의 점유면적

예제 1 부문공통비의 배부

울산기업은 책상과 의자를 생산하고 있다. 제품생산을 위해서는 절단공정과 조립공정을 거쳐야 하며, 보조부문으로 수선부문과 동력부문이 있다. 각 부문에서 발생한 원가와 배부기준은 다음과 같을 때 부문공통비를 각 부문에 배부하시오.

• 각 부문 발생원가

구분	제조부문		보조부문		합계
	절단부문	조립부문	수선부문	동력부문	
부문개별비	₩200,000	₩100,000	₩40,000	₩60,000	₩400,000
부문공통비					
감각상각비(건물)					40,000
복리후생비					10,000

• 부문공통비 배부기준

구분	제조부문		보조부문		합계
	절단부문	조립부문	수선부문	동력부문	
점유면적(m^2)	400	200	100	100	800
종업원 수(명)	50	20	20	10	100

➲ 해 답

구분	제조부문		보조부문		합계
	절단부문	조립부문	수선부문	동력부문	
부문개별비	₩200,000	₩100,000	₩40,000	₩60,000	₩400,000
부문공통비					
감각상각비(건물)	20,000[a)]	10,000	5,000	5,000	40,000
복리후생비	5,000[b)]	2,000	2,000	1,000	10,000
합 계	₩225,000	₩112,000	₩47,000	₩66,000	₩450,000

a) 감가상각비 : ₩40,000 × (400㎡/800㎡) = ₩20,000
b) 복리후생비 : ₩10,000 × (50명/100명) = ₩5,000

2 보조부문비를 제조부문에 배분

부문공통비를 각 부문에 배부하고 나면 부문별원가가 집계된다. 부문별로 집계된 원가를 부문개별원가라고 한다. 보조부문원가를 제조부문에 배분하는 방법은 보조부문 상호간의 용역수수관계를 어느 정도 고려하느냐에 따라 직접배분법, 단계배분법, 상호배분법으로 나눈다.

1) 직접배분법

직접배분법에서는 각 보조부문의 원가를 직접 생산부서에 배분한다. 그러므로 각 보조부문간에 제공한 서비스는 무시된다. 직접배분법은 간단히 적용할 수 있다는 장점은 있으나 원가계산이 부정확하다는 단점이 있다.

2) 단계배분법

단계배분법에서는 다른 보조부문에 제공한 서비스를 부분적으로 인정하여 보조부문의 원가를 배분한다. 이 방법을 적용하려면 먼저 보조부문 원가의 배분순서를 정하여야 하고 그 다음에 그 순서에 따라서 보조부문원가를 다른 보조부문과 제조부문에 배분하여야 한다. 이 방법은 보조부문 상호간의 용역수수관계를 인식하기 때문에 직접배분법보다 정확한 원가계산을 할 수 있다는 장점은 있으나 용역수수관계를 완전히 반영하지 못하기 때문에 원가계산의 부정확성이 여전히 존재하며 원가배분에 시간이 많이 소요된다는 단점이 있다.

단계배분법에서는 어느 부문의 원가를 먼저 배분하느냐에 따라 각 제조부문에 집계되는 원가가 달라지므로 배분순서의 결정이 중요한 과제가 된다. 일반적으로는 다음 순서에 따르나 학자마다 다소의 차이가 있다. 그리고 문제에서 배분순서가 주어진 경우에는 그 순서에 따라야 한다.

1. 다른 보조부문에 제공하는 용역비율
2. 용역을 제공받는 다른 보조부문의 수
3. 보조부문원가의 크기

3) 상호배분법

상호배분법은 보조부문 상호간의 용역수수관계를 완전히 반영하여 보조부문의 원가를 제조부문에 배분하는 방법이다. 이 방법은 연립방정식을 수립하여 특정 보조부문의 배분될 총원가를 구하고, 그 원가를 용역제공비율에 따라 다른 부문(제조부문 및 보조부문)에 배분한다. 이 방법은 보조부문의 용역수수관계를 완전히 반영하는 가장 정확한 방법이며 단계배분법과 달리 배분순서를 결정할 필요가 없다는 장점은 있으나 계산과정이 복잡하기 때문에 시간과 비용이 과다하게 소요된다는 단점이 있다.

보조부문비를 제조부문에 배부하는 경우에도 합리적인 배부기준을 정하여 배부하여야 하며, 배부기준 예시는 [그림 3-4]와 같다.

[그림 3-4] 보조부문비와 배부기준 예시

보조부문비	배부기준
공장 인사관리부문비, 식당부문비	종업원의 수
건물 관리부문비	점유면적
동력부문비	전력사용량
수선부문비	수선작업시간
검사부문비	검사수량, 검사시간

한편, 보조부문의 원가를 배분할 때 변동원가와 고정원가로 구분하지 않고 배분하는 것을 단일배분율법이라고 하고, 구분하여 배분하는 것을 이중배분율법이라고 한다. 이중배분율법은 원가행태별로 다른 배부기준을 사용하기 때문에 보다 합리적으로 원가배분을 할 수 있다는 장점이 있다.

단일배분율법과 이중배분율법은 원가행태에 따라 배부기준을 달리할 것인가에 따른 구분이고 직접배분법, 단계배분법, 상호배분법은 보조부문간의 용역수수관계를 어느 정도 반영할 것인가에 따른 구분이다. 따라서 두 방법은 혼용하여 사용할 수 있다. 예를 들면 보조부문의 원가를 변동원가와 고정원가로 구분하여 배부기준을 달리 적용하고, 보조부문간의 용역수수관계를 부분적으로 인정하여 보조부문의 원가를 제조부문에 배분하면 이중배부율법에 의한 단계법이 된다.

예제 2 보조부문의 원가배부

[예제 1]에 이어서 울산기업은 수선부문의 원가를 수선서비스 사용량의 측정치인 수선시간을 기준으로 제조부문에 배부하고, 동력부문의 원가는 동력사용량의 측정치인 kw를 기준으로 배부한다. 배부목적을 위해서 보조부문이 자신에게 공급한 서비스인 자가서비스는 무시하도록 한다. 울산기업의 부문별로 집계된 원가자료가 다음과 같을 때 (1) 직접배부법 (2) 단계배부법 (3) 상호배부법을 사용하여 보조부문의 원가를 제조부문에 배부하시오.

• 보조부문원가 배부전 제조간접비 예산 및 서비스 예상 배부율

구분	보조부문		제조부문		합계
	수선부문	동력부문	절단부문	조립부문	
배부전 제조간접비	₩47,000	₩66,000	₩225,000	₩112,000	₩450,000
서비스 배부율(%)					
수선부문비	-	10%	40%	50%	100%
동력부문비	20%	-	50%	30%	100%

➲ 해 답

· 직접배부법

구분	보조부문		제조부문		합계
	수선부문	동력부문	절단부문	조립부문	
배부전 제조간접비	₩47,000	₩66,000	₩225,000	₩112,000	₩450,000
수선부문비(4/9, 9/5)	[₩47,000]		20,889	26,111	
동력부문비(5/8, 3/8)		[₩66,000]	41,250	24,750	
제조부문의 총제조간접비	-	-	₩287,139	₩162,861	₩450,000

· 단계배부법(동력비부터 배부하는 경우)

구분	보조부문		제조부문		합계
	수선부문	동력부문	절단부문	조립부문	
배부전 제조간접비	₩47,000	₩66,000	₩225,000	₩112,000	₩450,000
동력부문비(2 : 5 : 3)	13,200	[₩66,000]	33,000	19,800	
수선부문비(5/8, 3/8)	[₩60,200]		26,756	33,444	
제조부문의 총제조간접비	-	-	₩284,756	₩165,244	₩450,000

· 상호배부법

구분	보조부문		제조부문		합계
	수선부문	동력부문	절단부문	조립부문	
배부전 제조간접비	₩47,000	₩66,000	₩225,000	₩112,000	₩450,000
수선부문비(1 : 4 : 5)	[₩61,429]	6,143	24,572	30,714	
동력부문비(2 : 5 : 3)	14,429	[₩72,143]	36,071	21,643	
제조부문의 총제조간접비	-	-	₩285,643	₩164,357	₩450,000

3 제조부문원가를 제품에 배분

제조간접비는 최종 배부절차는 제조부문의 원가를 각 제품에 배부하는 것이다. 1단계 부문공통비의 배부와 2단계 보조부문원가의 배부를 통해 제조부문원가에는 제조부문 자체가 발생시킨 원가뿐만 아니라 앞서 살펴본 부문공통원가와 보조부문원가 배부액이 모두 집계되어 있다. 제조부문원가의 배부대상은 각 제품이다. 따라서 직접재료비와 직접노무비는 특정 제품에 추적가능한 원가이기 때문에 이미 각 제품원가에 포함되어 있으며, 이제 부문공통원가와 보조부문의 개별원가가 모두 집계되어 있는 제조부문원가, 특히 제조간접비를 제품에 배부하게 되면 각 제품원가를 구할 수 있다.

예제 3 보조부문의 원가배부

[예제 2]에 이어서 울산기업의 두 제조부문에 집계된 제조간접비와 각 공정의 생산관련 자료는 다음과 같을 때 각 공정의 생산관련 자료를 이용하여 각 제품별 제조간접비 금액을 구하시오. 단, 절단공정은 기계작업시간, 조립공정은 직접노무비를 기준으로 각 제품에 배부한다.

• 각 부문 발생원가

구분	제 조 부 문		합계
	절단부문	조립부문	
제조부문의 총제조간접비	₩287,139	₩162,861	₩450,000

• 각 공정의 생산관련 자료

	제품	절단공정	조립공정
기계작업시간	책 상	150	100
	의 자	100	80
	합 계	250	180
직접노무비	책 상	₩300,000	₩250,000
	의 자	200,000	150,000
	합 계	₩500,000	₩400,000

➲해 답

• 제조간접비 배부율

제조부문	배부기준	절단공정	조립공정
절단공정	기계작업시간	₩287,139 ÷ 250H =	₩1,148.55 / 기계작업시간
조립공정	직접노무비	₩162,861 ÷ ₩400,000 =	0.4071525 / 직접노무비

• 제품별 제조간접비 금액

제 품 명	부문	근 거	제 조 간 접 비
책 상	절단공정	₩1,148.55 × 150H =	₩172,283
	조립공정	0.4071525 × ₩250,000 =	101,788
	합 계		₩274,071
의 자	절단공정	₩1,148.55 × 100H =	₩114,856
	조립공정	0.4071525 × ₩150,000 =	61,073
	합 계		₩175,929
총 계			₩450,000

문제 1 변동원가와 고정원가 및 제품원가

어람(주)는 실제발생한 제조간접비 총액을 월말에 집계하여 직접노동시간에 따라 개별작업에 배분하고 있다. 1월 1일의 재고자산계정 잔액은 다음과 같다.

원재료	₩35,000
재공품(작업 #102)	₩20,000
제 품(작업 #101)	₩60,000

1월 중 다음과 같은 거래가 발생하였다.

① 원재료 ₩105,000을 외상으로 구입하였고 월말원재료는 ₩9,000이다.

② 1월중 작업 #103, #104를 착수하였으며 #102, #103이 완성되었다. 수행된 작업에 대한 당월의 작업원가표는 다음과 같다.

	#102	#103	#104	합 계
직접재료비	₩20,000	₩50,000	₩45,000	₩115,000
직접노무비	35,000	40,000	15,000	90,000
직접노동시간	500시간	400시간	100시간	1,000시간

③ 당월중 노무비 발생액은 ₩100,000이다.

④ 당월에 발생된 실제제조간접비 총액은 ₩80,000이다.

⑤ 작업 #101, #102가 각각 ₩75,000과 ₩120,000에 외상으로 판매되었다.

요구사항

1. 간접재료비와 간접노무비 발생액은 얼마인가?

2. 당기에 발생한 제조간접비를 개별작업별로 배분하시오.

3. 각 작업에 투입되는 노동자의 숙련도가 다르다고 한다. 당기의 작업 중에서 숙련공이 작업한 것은 어느 것인가? 그 이유는 무엇인가?

4. 기말 제품과 재공품 재고액은 얼마인가?

5. 당기 매출총이익은 얼마인가?

6. 종로회사는 제조간접비 배부기준으로 직접노동시간을 사용하고 있다. 직접노동시간이 합리적인 배부기준이 되기위해서 갖추어야 할 요건을 간단히 설명하시오.

7. 현재 종로회사의 제품원가계산제도의 문제점은 무엇인가?

해답

1.

(1) 원재료사용액	= 35,000+105,000−9,000	= ₩131,000		
간접재료비	= 원재료사용액−직접재료비	= 131,000−115,000	= ₩16,000	
(2) 간접노무비	= 노무비−직접노무비	= 100,000− 90,000	= ₩10,000	

2. 제조간접비배부율 = $\frac{80,000}{1,000}$ = ₩80

#102 : 500×80 = 40,000

#103 : 400×80 = 32,000

#104 : 100×80 = 8,000

3.

작업별 직접노동시간당 임률

#102	#103	#104
$\frac{35,000}{500}$ = ₩70	$\frac{40,000}{400}$ = ₩100	$\frac{15,000}{100}$ = ₩150

#104이다. 왜냐하면 직접노동시간당 임률이 가장 높기 때문이다.

4. 흐름파악

· #101 (기초제품 → 당기매출)

· #102 (기초재공품 → 당기매출)

· #103 (당기착수 → 기말제품재고)

· #104 (당기착수 → 기말재공품재고)

	#103(제품)	#104(재공품)
직접재료비	50,000	45,000
직접노무비	40,000	15,000
제조간접비	32,000	8,000
계	122,000	68,000

5.

	#101	#102	합 계
매 출	75,000	120,000	195,000
매 출 원 가	(60,000)	(115,000)[1]	(175,000)
매출총이익	15,000	5,000	20,000

1) 20,000+20,000+35,000+40,000 = 115,000

6. ① 직접노동시간과 제조간접비발생간에 인과관계가 있어야 한다.

② 각 작업별로 발생한 직접노동시간을 산정하기가 쉬워야 한다.

7. 종로회사와 같이 실제원가계산을 하는 경우에는 다음과 같은 문제점이 있다.

① 월말에 실제발생 제조간접비가 집계되기 전에는 제품원가를 산정하지 못하기 때문에 적시성 있는 원가정보를 제공하지 못한다.

② 제조간접비 발생액이 적절한지 평가할 수 없으므로 적절한 성과평가가 이루어지지 않는다.

③ 계절별로 조업도가 달라지면 제조간접비 배부액에 차이가 발생하여 동일한 제품이라도 계절별로 제품원가가 달라질 수 있다.

문제 2 단일배부율법과 이중배부율법

(주)대한의 공장에는 하나의 보조부문인 동력부문과 두 개의 제조부문인 가공부문과 조립부문이 있다. 동력부문은 제조부문인 가공부문과 조립부문에 전력을 공급하고 있다. 각 제조부문의 월간 최대사용가능량과 10월의 실제사용량은 다음과 같다.

	가공부문	조립부문	합계
최대사용가능량	1,000kwh	1,000kwh	2,000kwh
실 제 사 용 량	600kwh	400kwh	1,000kwh

한편, 10월 중 각 부문에서 발생한 제조간접비는 다음과 같다.

	동력부문	가공부문	조립부문	합 계
변 동 비	₩100,000	₩160,000	₩140,000	₩400,000
고 정 비	200,000	300,000	100,000	600,000
합 계	₩300,000	₩460,000	₩240,000	₩1,000,000

요구사항

1. 단일배부율법 적용시 가공부문과 조립부문에 배부될 제조간접비는?

2. 이중배부율법 적용시 가공부문과 조립부문에 배부될 제조간접비는?

해답

1. 단일배분율법

가공부문 : $300,000 \times \dfrac{600}{600+400} = 180,000$

조립부문 : $300,000 \times \dfrac{400}{600+400} = 120,000$

2. 이중배분율법

가공부문 : $100,000 \times \dfrac{600}{600+400} + 200,000 \times \dfrac{1,000}{1,000+1,000} = 160,000$

조립부문 : $100,000 \times \dfrac{400}{600+400} + 200,000 \times \dfrac{1,000}{1,000+1,000} = 140,000$

문제 3 보조부문의 원가배부

어람(주)는 두 개의 보조부문과 두 개의 제조부문을 가지고 있다. 보조부문은 동력부문과 수선부문이다. 보조부문의 서비스 제공비율은 다음과 같다.

	동력부문	수선부문	제조A	제조B
동력부문	–	20%	50%	30%
수선부문	25%	–	30%	45%

각 부문의 제조간접비 발생액은 다음과 같다.

동력부문	₩14,000
수선부문	20,000
제조부문A	35,000
제조부문B	50,000

요구사항

1. 직접배분법에 따라 배분할 때 제조A와 제조B에 배분되는 금액은 각각 얼마인가?

2. 단계배분법에 따라 배분할 때 제조A와 제조B에 배분되는 금액은 각각 얼마인가?

   단, 동력부문을 먼저 배분하시오.

3. 물음2에서 동력부문을 먼저 배분하는 것에 대하여 구체적인 근거를 들어서 비판하시오.

4. 상호배분법에 따라 배분할 때 제조A와 제조B에 배분되는 금액은 각각 얼마인가?

5. 물음4에 의할 때 제조간접비 배분에 필요한 분개를 제시하시오.

해답

1.

배부원가	보조부문		제조부문		합계
	동력부문	수선부문	제조A	제조B	
배부전원가	14,000	20,000	35,000	50,000	119,000
동력부문	(14,000)	–	8,750[1]	5,250	0
수선부문	–	(20,000)	8,000[2]	12,000	0
배부후원가	0	0	51,750	67,250	119,000

1) $14,000\times\dfrac{50\%}{50\%+30\%}=8,750$

2) $20,000\times\dfrac{30\%}{30\%+45\%}=8,000$

∴ 제조A에 배분될 원가 = 8,750 + 8,000 = ₩16,750

제조B에 배분될 원가 = 5,250 + 12,000 = ₩17,250

2.

배부원가	보조부문		제조부문		합계
	동력부문	수선부문	제조A	제조B	
배부전원가	14,000	20,000	35,000	50,000	119,000
동력부문	(14,000)	2,800	7,000[3]	4,200	0
수선부문	–	(22,800)	9,120[4]	13,680	0
배부후원가	0	0	51,120	67,880	119,000

3) $14,000\times\dfrac{50\%}{20\%+50\%+30\%}=7,000$

4) $22,800\times\dfrac{30\%}{30\%+45\%}=9,120$

∴ 제조A에 배분될 원가 = 7,000 + 9,120 = ₩16,120

제조B에 배분될 원가 = 4,200 + 13,680 = ₩17,880

3. 동력부문과 수선부문을 비교해 보면 다음과 같다.

	동력부문	수선부문
타보조부문에 대한 서비스제공비율	20%	25%
보조부문원가의 크기	14,000	20,000

∴ 수선부문원가를 먼저 배분하여야 한다.

4. 동력부문이 배부할 총원가를 X, 수선부문이 배부할 총원가를 Y라 가정한다.

① : X = 14,000+0.25Y

② : Y = 20,000+0.2X

③ : ①을 ②에 대입하여 Y를 산출한다.

Y = 20,000+0.2(14,000+0.25Y)

Y = 20,000+2,800+0.05Y

0.95Y = 22,800 ∴ Y = 24,000

④ : Y값을 ①에 대입하여 X를 산출한다.

X = 14,000+0.25×24,000 = 20,000

배부원가	보조부문		제조부문		합계
	동력부문	수선부문	제조A	제조B	
배부전원가	14,000	20,000	35,000	50,000	119,000
동력부문	(20,000)	4,000	10,000[5)]	6,000	0
수선부문	6,000	(24,000)	7,200[6)]	10,800	0
배부후원가	0	0	52,200	66,800	119,000

5) $20{,}000 \times \dfrac{50\%}{20\% + 50\% + 30\%} = 10{,}000$

6) $24{,}000 \times \dfrac{30\%}{25\% + 30\% + 45\%} = 7{,}200$

∴ 제조A에 배분될 원가 = 10,000+7,200 = ₩17,200

제조B에 배분될 원가 = 6,000+10,800 = ₩16,800

5.

(차) 제조간접비(제조A부문비)	17,200	(대) 제조간접비(동력부문비)	14,000
제조간접비(제조B부문비)	16,800	제조간접비(수선부문비)	20,000

Chapter 4 개별원가계산

제1절 원가계산의 종류

1 제품생산형태에 따른 분류

제품원가계산이란 생산활동이 진척됨에 따라 재고자산이 원재료의 형태에서 완제품의 형태로 전환되는 것에 맞추어 발생된 원가를 적절하게 재고자산에 배분시키는 것을 의미한다. 제품원가계산은 완제품을 생산하고 가공하는데 소요된 제반 제조원가를 제품에 부과(할당)시키는 과정이며, 관리자에게 필요한 제품제조 단가를 제공한다. 제품원가계산의 본질은 기초재공품원가와 당기총제조원가를 당기제품제조원가와 기말재공품원가로 배분하는데 있다. 제품원가계산방법은 여러 가지가 있지만 각 기업이 수행하는 생산활동의 성격(제품생산형태)에 따라 개별원가계산(job order costing)과 종합원가계산(process costing)으로 나눌 수 있다.

개별원가계산은 다품종소량생산이나 주문생산과 같이 제품의 종류나 주문, 작업별로 원가를 계산할 필요가 있는 경우에 적용되는 원가계산방법이다. 개별원가계산에서는 생산되는 제품이 이질적인 경우가 많기 때문에 개별 작업별로 작성되는 작업지시서 또는 제조지시서를 단위로 원가계산이 이루어진다. 이 방법은 건설업, 조선업, 항공산업, 컴퓨터프로그램 제작, 회계서비스, 법률서비스업 등과 같은 주문생산 형태에 적합하다.

반면에 종합원가계산은 동종의 유사한 제품을 동일한 공정(제조부문)에서 대량으로 반복해서 생산하는 경우에, 제품이나 작업별로 원가를 구분, 집계하는 대신 생산공정에 원가를 집계하는 방식이다. 종합원가계산은 동일한 공정에서 생산된 제품은 동질적이라는 가정 하에 공정에 집계된 총원가를 완성품 수량으로 나누어서 제품 단위당 원가를 산출한다. 이 방법은 화학공업, 정유공업, 의류제조업, 플라스틱공업, 제분업 등에 적용될 수 있다.

[표 4-1]은 개별원가계산과 종합원가계산을 비교한 것이다.

[표 4-1] 개별원가계산과 종합원가계산의 비교

	개별원가계산	종합원가계산
제품원가의 누적	• 특정작업(또는 고객)에 누적	• 공정별로 누적
재공품계정	• 각 작업(주문)마다 하나씩 보조 재공품 계정을 설치	• 공정별로 설치
제품원가 측정시점	• 생산이 불연속적 • 작업이 완성될 때마다 측정	• 생산이 연속적 • 회계기간마다 측정
생산품목	• 이질적인 제품 • 불연속적 생산형태 : 건설업, 가구, 조선 등	• 대량생산의 동질적 제품 • 연속적 생산형태 : 화학, 유류, 시멘트 등
운영비용	• 종합원가에 비해 많은 운영비용이 소요됨 • 원가정보의 정확성은 높다	
원가계산방법	• 작업지시서 원가계산 작업지시서 → 제품원가	• 기간별, 공정별 평균화 과정 공정 → 평균화 → 제품원가
원가의분류	• 원가대상에 대한 추적가능성 중시 • Dir Mat, DLbr, ManOyHd	• 원가의 변형과정 중시 • DM, Conversion Costs

2 원가계산범위 및 원가측정방법에 따른 분류

제품원가계산은 제조간접비에 포함되어 있는 고정제조간접비를 제품원가에 포함하느냐의 여부에 따라 전부원가계산(absorption costing)과 변동원가계산(variable cisting)으로 구분된다. 전부원가계산은 변동제조간접비와 고정제조간접비 모두를 제품원가에 포함시키는 원가계산방법이다. 변동원가계산은 변동제조간접비만을 제품원가에 포함시키는 원가계산방법으로 고정제조간접비는 기간비용으로 처리한다. 변동원가계산은 의사결정 목적으로 많이 이용된다.

그리고 제품원가를 실제발생액을 기준으로 산출하는지, 혹은 표준치 또는 예정치를 이용하는지, 즉 원가측정방법에 따라 실제원가계산(actual costing), 표준원가계산(standard costing), 정상원가계산(normal costing)으로 구분된다. 실제원가계산은 직접재료비와 직접노무비, 그리고 제조간접비의 실제발생액을 이용하여 제품원가를 산출하는 방법이다. 표준원가계산은 직접재료비와 직접노무비, 그리고 제조간접비의 표준가격과 표준수량을 설정하고 그에 따라 표준원가를 이용하여 제품의 원가를 산출하는 방법이다.

정상원가계산은 직접재료비와 직접노무비는 실제발생액으로 집계하고, 제조간접비는 예정배부액을 사용하여 산출하는 방법으로서 이를 평준화원가계산이라고도 한다.

[표 4-2] 원가계산방법의 구분

제품생산형태	원가계산범위	원가측정방법
개별원가계산	전부원가계산	실제원가계산
종합원가계산	변동원가계산	표준원가계산
		정상원가계산

제2절 개별원가계산의 의의

1 개별원가계산의 절차

개별원가계산은 항공기산업, 조선산업과 같이 고객의 주문에 따라 제품의 형태, 작업내용이 달라지는 상황에서 적용되는 원가계산제도이다. 예를 들어 선박은 고객의 주문에 따라 제작이 되어지며, 주문받은 선박은 크기나 사양이 일정하지 않는 것이 일반적이다. 따라서 선박마다 제조원가가 다를 것이므로 개별 제품별로 원가계산이 이루어져야 한다. 개별원가계산에서는 작업지시서(job-order)에 따라서 작업이 이루어지며 개별작업별로 집계된 원가가 제품의 원가가 된다. 고객으로부터 주문을 받으면 주문을 받은 부서는 제조부문에 고객이 요구한 제품을 생산할 것을 요구하는 서식을 보내는데 이것을 작업지시서라고 한다. 작업이란 투입되는 원재료나 노동력을 구분하여 인식할 수 있는 단위를 말한다. 이는 하나의 제품으로 이루어질 수도 있고 동종의 여러 제품(제품군)으로 이루어질 수도 있다. 개별원가계산에서는 고객의 요구에 따라 작업지시서가 작성되고 이에 따라 생산활동이 수행되며, 그 활동과 관련된 원가가 작업원가표(job cost sheet)에 집계된다. 작업원가표에 집계된 원가가 개별제품의 원가가 된다.

[표 4-3] 작업지시서

No. 204

담당부서		발 행 일	2010년 11월 20일
주 문 처		수 주 일	2010년 11월 20일
주 문 No.	204	납 기 일	2010년 12월 31일

품 명[종류 · 규격]	수 량	작 업 명 세
A 제품	200개	

작업개시	2010년 12월 01일		
작업완료	2010년 12월 31일	발 행 자	[인]

개별원가계산에서는 제조직접원가(직접재료비와 직접노무비)와 제조간접원가(제조간접비)의 구별이 중요하다. 직접원가는 개별 작업에 인과관계에 따라 추적하여 할당할 수 있는 반면, 간접원가는 여러 작업에 공통적으로 발생된 원가이므로 적절한 배부기준에 의해 배부하여야 한다. 앞서 3장에서 제조간접비를 특정 작업에 배부하는 방식을 학습하였는데, 개별원가계산에서도 동일한 논리가 적용된다.

[그림 4-1] 개별원가계산의 흐름도

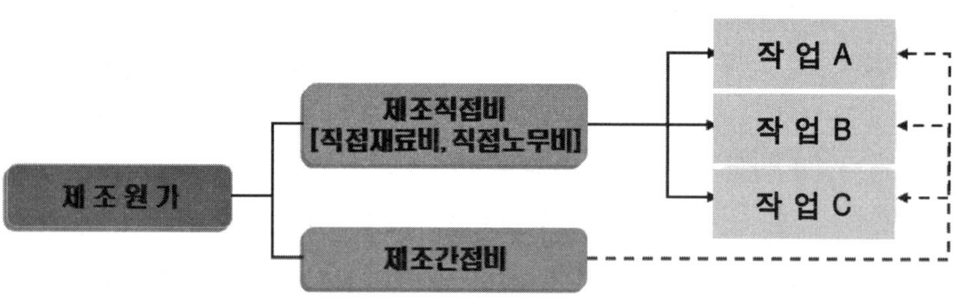

2 작업원가표의 작성

[표 4-4] 작업원가표

<table>
<tr><td>작업번호</td><td colspan="2">#204</td><td colspan="2"></td><td></td><td></td></tr>
<tr><td>품 목</td><td colspan="2">A제품</td><td colspan="2"></td><td>생산량</td><td>200개</td></tr>
<tr><td>시작일</td><td colspan="2">2010.12.1</td><td colspan="2"></td><td>완성일</td><td>2010.12.31</td></tr>
<tr><td rowspan="2">일 자</td><td colspan="2">직접재료비</td><td colspan="2">직접노무비</td><td rowspan="2">제조간접비</td><td rowspan="2">합 계</td></tr>
<tr><td>재료청구서 번 호</td><td>금액</td><td>작업시간</td><td>금 액</td></tr>
<tr><td></td><td></td><td></td><td></td><td></td><td></td><td></td></tr>
</table>

작업원가표(job cost sheet)는 해당 작업에 대한 제품원가와 관련 자료를 축적시키는데 사용되는 서류이다. 즉, 제조지령서에 따라 생산현장에서 작업이 수행될 때에 개별작업별로 발생하는 원가를 기록하고 집계하기 위하여 사용되는 서류가 작업원가표이다.

작업원가표의 구성은 [표 4-4]와 같다. 작업원가표에는 직접재료비, 직접노무비, 제조간접비를 집계하는데 직접재료비나 직접노무비는 개별작업을 수행하기 위하여 직접재료를 사용하거나 직접노무비가 발생되면 즉시 기록한다. 그러나 제조간접비는 개별작업과 관련하여 직접 추적할 수 없으므로 기말에 일정한 기준에 의하여 배부되는 금액을 기록한다.

3 제조부간접의 배부

직접재료비와 직접노무비를 제외한 모든 원가로 구성되는 제조간접비는 특정 제품에서 추정하기 어려운 항목들로 집계된다. 예를 들면 간접재료비, 간접노무비, 감가상각비, 보험료, 수선유지비와 생산직관리자의 급료, 공장사무실 운영비 등이다. 자동화가 증대된 새로운 제조환경에서는 제조간접비의 측정이 보다 중요시되고 있다. 제품원가 계산이 이루어지려면 제조간접비를 특정제품에 할당시켜야 된다. 제조간접비를 생산된 제품(작업)에 할당시키는 것을 제조간접비 배부(applying overhead)라 한다. 제조간접비는 배부기준에 따라 개별 제품(혹은 작업, 작업지시서 등)에 배부하게 되는데, 이 때 실제배부율 혹은 예정배부율을 사용할 수 있다. 배부율을 구하기 위해서는 배부기준을 결정하여야 하는데, 조업도라는 개념이 여기에 해당된다.

실제배부율은 실제 발생한 제조간접비 금액과 배부기준에 따라 배부율을 결정하는 방법이다. 실제배부율은 상대적으로 회계처리가 간단하다는 장점이 있지만 몇 가지 문제점이 발생하게 된다. 첫째 제품을 생산하는 데 발생한 제조간접비를 배부하기 위해서는 실제로 발생한 제조간접비의 집계가 완료되거나 회계기말이 되어야 한다. 따라서 적시성의 측면에서 효용이 떨어진다. 둘째, 실제배부율을 사용할 경우 조업도의 변동에 따라 매기의 배부율이 서로 달라진다. 이는 제품의 원가가 달라질 수 있음을 의미한다. 이러한 문제점들을 배제하기 위해 예정배부율을 사용하는 것이 일반적이다. 다만 예정배부율을 사용하는 경우 실제 발생한 제조간접비와의 차이 분석을 추가하여야 한다.

제3절 실제개별원가계산과 정상개별원가계산

1 실제개별원가계산

개별원가계산에서는 실제발생한 제조간접비를 제품(작업)별로 배부하기도하고 제조간접비예정배부율을 이용하여 제조간접비를 제품(작업)별로 배부하기도 한다. 전자를 실제개별원가계산이라 하고 후자를 정상개별원가계산이라고 한다.

실제개별원가계산에서는 실제직접재료비, 실제직접노무비를 제품에 직접 부과하고 제조간접비는 매월말 또는 매년말 작업이 끝난 이후에 집계되는 제조간접비 실제발생액을 제조간접비 실제배부율을 이용하여 제품에 배부한다. 실제원가계산에서 제조간접비 배부는 다음과 같은 단계를 거쳐서 이루어진다.

(1) 실제발생한 제조간접비를 집계한다. 매월 또는 매년 말에 실제발생한 제조간접비를 집계한다.

(2) 제조간접비 배부기준을 설정한다. 제조간접비 배부기준으로는 생산량, 직접작업시간, 기계사용시간, 원재료 소비량 등이 사용될 수 있다. 다양한 배부기준 중에서 가장 합리적인 배부기준을 설정한다.

(3) 제조간접비 실제배부율을 산정한다. (1)에서 구한 실제발생한 제조간접비를 (2)에서 정한 배부기준의 실제조업도로 나누어 실제배부율을 산정한다.

$$\text{제조간접비 실제배부율} = \frac{\text{제조간접비 실제발생액}}{\text{실제조업도}}$$

(4) 제조간접비를 제품에 배부한다.

$$\text{제조간접비 배부액} = \text{작업별 실제조업도} \times \text{제조간접비 실제배부율}$$

예제 1 실제개별원가계산

울산기업은 개별원가계산을 적용하고 있으며, 제조간접비는 직접노무비를 기준으로 제품에 실제 배부하고 있다. 20X1년 1월에 작업 #101과 #102를 시작하였으며, 2월에는 작업 #103을 착수하였다. 작업 #101은 6월 중에 완료되었다. 1월과 2월에 발생한 원가자료는 다음과 같다. 단, 제조간접비는 2월에 36,400원이 발생하였다.

• 1, 2월에 발생한 원가자료

구분	1월			2월		
	직접재료비	직접노무비	제조간접비	직접재료비	직접노무비	제조간접비
#101	₩10,000	₩5,000	₩8,125	₩5,000	₩3,000	
#102	2,000	3,000	4,875	10,000	7,000	
#103	-	-	-	10,000	18,000	
합 계	₩12,000	₩8,000	₩13,000	₩25,000	₩28,000	₩36,400

➲ 요구사항

2월의 제조간접비 실제배부율과 각 작업지시서의 작업원가표에 기재된 원가는 각각 얼마인가?

➲ 해 답

(1) 2월의 제조간접비 실제배부율

= ₩36,400 ÷ ₩28,000 = ₩1.3/직접노무비

(2) 작업원가표상의 원가

구분	#101	#102	#103	합 계
월초재고	₩23,125	₩9,785	-	₩33,000
직접재료비	5,000	10,000	₩10,000	25,000
직접노무비	3,000	7,000	18,000	28,000
제조간접비	3,900	9,100	23,400	36,400
합 계	₩35,025	₩35,975	₩51,400	₩122,400

2 정상개별원가계산

정상개별원가계산에서는 직접재료비와 직접노무비는 실제발생액으로 집계하고 제조간접비는 예정배부율을 이용하여 원가를 계산한다. 즉, 실제직접재료비와 실제직접노무비는 제품별로 직접 부과하고 제조간접비는 연초에 설정된 제조간접비 예정배부율을 이용하여 제품별로 배부한다. 정상개별원가계산에서 제조간접비 배부는 다음과 같은 단계를 거쳐서 이루어진다.

(1) 연간 제조간접비 예상액을 추정한다. 연간 제조간접비예상액은 과거에 발생한 역사적인 원가자료를 분석하고, 가격과 기술에 있어서 향후 예상되는 변화를 반영하여 추정한다.

(2) 제조간접비 배부기준을 설정한다.

(3) 제조간접비 예정배부율을 산정한다. (1)에서 추정한 제조간접비 예상액을 (2)에서 정한 배부기준으로 나누어 예정배부율을 산정한다. 배부기준의 사용량은 과거의 생산량 증감과 다음 1년간의 예상 판매량을 고려해서 결정한다.

$$\text{제조간접비 예정배부율} = \frac{\text{제조간접비 예상액}}{\text{예정조업도(or 기준조업도)}}$$

(4) 제조간접비를 제품에 배부한다.

제조간접비 배부액 = 작업별 실제조업도 × 제조간접비 예정배부율

이 때 예정배부율을 이용해 배부한 제조간접비는 기말에 실제로 집계된 제조간접비 금액과 차이가 발생하게 되며 이 차이를 제조간접비 배부차이라고 한다.

정상원가계산은 원가계산의 적시성을 확보할 수 있는 반면 다음과 같은 단점이 있다.

① 연초에 제조간접비 예정배부율을 결정할 때 임의성이 개입될 수 있다.

② 기말에 배부차이가 발생하면 이를 조정하는 회계처리를 하여야 한다.

[표 4-5] 실제개별원가계산과 정상개별원가계산의 비교

구분	실제개별원가계산	정상개별원가계산
주요 정보이용자	외부 정보이용자	내부 정보이용자(경영자)
원가계산 시점	회계연도의 기말	제품생산 완료시점(적시성 확보)
제조간접비 배부방법	실제배부율 × 실제조업도	예정배부율 × 실제조업도
직접배부비·노무비	실제발생액 배부	실제발생액 배부

예제 2 정상개별원가계산

[예제 1]의 자료를 그대로 이용한다. 다만, 제조간접비의 예산총액은 ₩800,000이며, 연간 직접노무비의 예상발생액은 ₩500,000이다.

➲ 요구사항

제조간접비의 예정배부율과 작업이 완료된 #101과 #102, 그리고 #103의 원가는 얼마인가?

➲ 해 답

(1) 예정배부율 = ₩800,000 ÷ ₩500,000 = ₩1.6/직접노무비

(2) 작업별 원가

구 분	기초재공품	직접재료비	직접노무비	제조간접비	합 계
#101	₩23,135	₩5,000	₩3,000	₩4,800	₩35,925
#102	9,875	10,000	7,000	11,200	38,075
#103	-	10,000	18,000	28,800	56,800
합 계	₩33,000	₩25,000	₩28,000	₩44,800	₩130,800

3 제조간접기 배부차이의 조정

앞서 [예제 1]에 의하면 실제로 발생한 제조간접비는 ₩36,400인 반면, 예정배부율을 적용한 [예제 2]에서 제조간접비 1배부액은 ₩44,800이었다. 이 둘 간의 차이 ₩8,400이 제조간접비 배부차이이다. 실제발생한 제조간접비보다 예정배부한 제조간접비가 더 크면 초과(과대)배부라 하고 실제발생한 제조간접비보다 예정배부한 제조간접비가 더 작으면 부족(과소)배부라 한다. 위 예제의 경우 제조간접비 예정배부액은 과대배부에 해당한다. 이를 제조간접비 계정과 연결하여 보면 다음 [그림 4-1]과 같다.

[그림 4-1] 과소배부와 과대배부

• 과소배부가 발생하는 경우 : 실제발생액>예정배부액

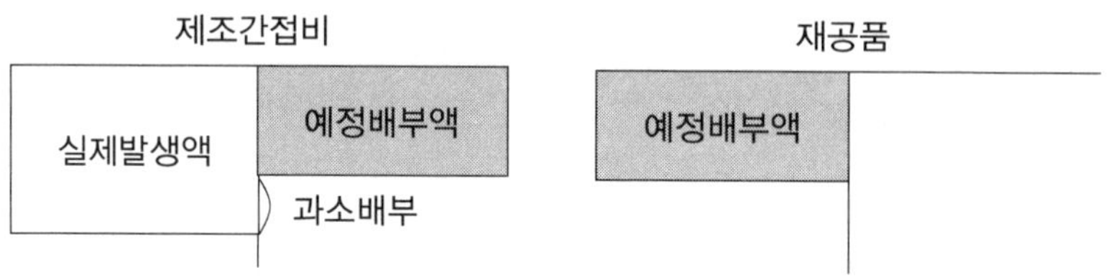

• 과대배부가 발생하는 경우 : 실제발생액<예정배부액

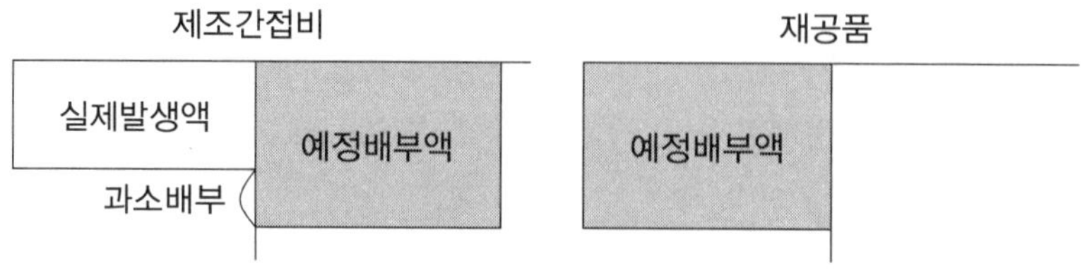

외부에 공표할 재무제표는 실제원가계산에 기초하여 작성되어야 하므로 기말재고자산과 매출원가는 예정배부액이 아닌 실제발생액으로 기록해야 한다. 따라서 배부차이를 조정해 주는 절차가 필요하다. 즉, 정상개별원가계산에서 제조간접비 계정의 차변에는 제조간접비 실제발생액이 기록되고, 대변에는 예정배부율에 따른 예정배부액이 기록되어 있게 되는데 배부차이를 재고자산과 매출원가 등에 배분하여 제조간접비 예정배부액을 실제발생액으로 수정하여야 한다.

[그림 4-2] 제조간접비의 흐름

제조간접비			제공품			제조간접비	
실제발생액	배 부 액	➡	제조간접비	완 성 품 기말재공품	➡	당기제품 제조원가	매출원가 기말제품

일반적으로 배부차이를 조정하는 방법은 다음과 같다.

1) 매출원가조정법

배부차이를 전액 매출원가에서 조정하는 방법으로 부족배부된 경우에는 제조간접비 차변잔액을 대변으로 빼내고, 차변에 매출원가로 처리한다. 즉, 제조간접비가 부족배부된 만큼 매출원가가 과소계상되어 있으므로 매출원가를 증가시킨다. 이 방법은 배부차이가 적거나 재고자산에 배분되는 금액이 적을 경우에 유용한 방법이다

(차) 매출원가	xxx	(대) 제조간접비	xxx

2) 총원가비례법

배부차이를 기말재공품, 기말제품, 매출원가의 총액비율로 배분하는 방법이다. 이 방법은 배분시 기준금액이 되는 총원가의 비율과 총원가에 포함되어 있는 제조간접비의 비율이 같다고 가정한다. 그러므로 각각의 비율에 차이가 있는 경우에는 실제원가와 일치하지 않는다. 부족배부된 경우 회계처리는 다음과 같다.

(차)재 공 품	×××	(대) 제조간접비	×××
제　　품	×××		
매출원가	×××		

3) 원가요소비례법

기말에 재공품, 제품, 매출원가에 포함된 제조간접비의 비율에 따라 각 계정에 배부차이를 배분하는 방법으로 이 방법에 의하면 실제원가계산과 동일한 결과를 얻을 수 있다. 이 방법은 총원가비율과 총원가에 포함되어 있는 제조간접비의 비율이 현저히 다를 경우에 유용하나 원가계산에 비용이 과다하게 발생한다는 문제점이 있다. 총원가비례법과 회계처리하는 방법은 같으나 배분되는 금액은 다르다.

[표 4-5] 제조간접비의 차이 조정

제조간접비 차이 조정	매출원가 조정법	총원가기준법
과소배부 [배부된 제조간접비 〈 실제발생액]	매출원가에 일괄적으로 증가조정	재공품, 완제품, 매출원가 금액에 비례하여 증가조정
과대배부 [배부된 제조간접비 〉 실제발생액]	매출원가에 일괄적으로 감소조정	재공품, 완제품, 매출원가 금액에 비례하여 감소조정

예제 3 제조간접비 배부차이의 조정

제조간접비를 배부한 결과 ₩8,400이 과대배부된 것으로 나타났다. 다음과 같은 자료가 주어졌을 때 요구사항에 답하시오.

	재공품	제　품	매출원가	합　계
직접재료비	₩24,000	₩50,000	₩261,000	₩335,000
직접노무비	10,000	25,000	130,000	165,000
제조간접비	15,000	30,000	155,000	200,000
합　계	₩49,000	₩105,000	₩546,000	₩700,000

➲ 요구사항

(1) 제조간접비 배부차이를 매출원가조정법에 의해 조정하시오.

(2) 제조간접비 배부차이를 총원가기준법에 의해 조정하시오.

(3) 제조간접비 배부차이를 원가요소비례법에 의해 조정하시오.

➲ 해 답

(1) 매출원가조정법

[차] 제조간접비	8,400	[대] 매출원가	8,400

(2) 총원가기준법

	총원가[계정잔액]	배분비율	배부차이 배분액
재 공 품	₩49,000	0.07%	₩588
제 품	105,000	0.15%	1,260
매 출 원 가	546,000	0.78%	6,552
합 계	₩700,000	100%	₩8,400

[차] 제조간접비	8,400	[대] 매출원가	6,552
		제 공	1,260
		제 공 품	588

(3) 원가요소비례법

	제조간접비 잔액	배분비율	배부차이 배분액
재 공 품	₩15,000	0.075%	₩630
제 품	30,00	0.15%	1,260
매 출 원 가	155,000	0.775%	6,510
합 계	₩200,000	100%	₩8,400

[차] 제조간접비	8,400	[대] 매출원가	6,510
		제 공	1,260
		제 공 품	630

제4절 공장전체배부율과 부문별배부율

제조부문에 집계된 재조간접비를 제품에 할당할 때 배부기준과 제조간접비배부율을 이용한다. 지금까지는 하나의 배부기준을 이용하여 단일 제조간접비배부율을 정해서 제품원가를 계산하였는데, 이는 제조부문이 하나이거나 복수의 동질적인 제조부문을 가지고 있는 경우에는 적합한 배부방법이다. 하지만 복수의 제조부문이 존재하고 서로 이질적인 특성을 갖는 경우에는 단일 배부율로 제조간접비를 배부하기 보다는 제조부문별로 합리적인 별도의 배부기준을 정하여 배부하는 것이 더 바람직할 것이다.

공장전체에서 하나의 배부기준과 단일의 제조간접비 배부율을 적용하는 것을 단일 배부기준에 의해 배부된다라고 하고 이 때의 제조간접비 배부율은 공장전체 제조간접비배부율(plant-wide overhead rate)이라 한다. 그리고 각 부서별로 각기 다른 배부기준과 배부율을 적용하면 제조간접비는 복수배부기준에 의해 배부된다라고 하며 이 때의 제조간접비 배부율을 부문별 제조간접비배부율(department overhead rate)이라고 한다.

<공장전체 제조간접비 예정배부율과 제품별 제조간접비 배부액>

$$\text{공장전체 제조간접비 배부율} = \frac{\text{공장전체의 제조간접비 예상액}}{\text{공장전체의 예상활동수준}}$$

제품별 제조간접비 배부액 = 공장전체 제조간접비 배부율 × 제품별 배부기준 사용량

<부문별 제조간접비 예정배부율과 제품별 제조간접비 배부액>

$$\text{부문별 제조간접비 배부율} = \frac{\text{부문별 제조간접비 예상액}}{\text{부문별 예상활동수준}}$$

제품별 제조간접비 배부액 = 부문별 제조간접비 배부율 × 부문별 배부기준 사용량

예제 4 공장전체 제조간접비배부율과 부문별 제조간접비배부율

울산기업은 두 개의 제조부문 A와 B를 가지고 있는데, 제조부문 A는 자동화가 많이 되었으며, 제조부문 B는 수작업에 의존하고 있다. 20X1년 9월 한달 간 각 부서별 제조간접비 예상액과 예상활동수준은 다음과 같다.

	제조부문 A	제조부문 B	전 체
제조간접비 예상액	₩700,000	₩500,000	₩1,200,000
직 접 작 업 시 간	100시간	500시간	600시간
기 계 시 간	500시간	-	500시간

또한 울산기업은 9월 중 두 개의 작업 #101과 #102를 착수하여 완료시켰는데, 각 작업별로 각 제조부문의 활동량은 다음과 같다.

작 업	제조부문 A 활동량		제조부문 B 활동량	
	직접작업시간	기계시간	직접작업시간	기계시간
#101	2	10	5	-
#102	1	2	12	-

➲ 요구사항

공장전체 제조간접비배부율(직접작업시간 이용)과 부문별 제조간접비배부율을 이용하는 경우 각 작업별 제조간접비 배부액의 차이를 산출하시오.

➲ 해 답

1) 공장전체 배부율 : ₩1,200,000 ÷ 600H = ₩2,000/직접작업시간

작업별 배부액 : #101 = 7H × ₩2,000 = ₩14,000

#102 =13H × ₩2,000 = ₩26,000

2) 부문별 배부율 : A(기계시간) = ₩700,000 ÷ 500H = ₩1,400/기계시간

B(직접작업시간)= ₩500,000 ÷ 500H

= ₩1,000/직접작업시간

작 업	제조부문 A 배부액(기계시간)	제조부문 A 배부액(기계시간)	총배부액
#101	10H × ₩1,400	5H × ₩1,000	₩19,000
#102	2H × ₩1,400	12H × ₩1,000	14,800

문제 1 제조간접비의 배부차이

(주)대한은 정상원가계산을 채택하고 있다. 20×9년의 관련 자료는 다음과 같다.

제조간접비예산	₩10,000,000
직접노무비예산	5,000,000
실제제조간접비	10,120,000
실제직접노무비	5,800,000
제조간접비배부기준	직접노무비

한편, 배부차이 조정전 관련 금액은 다음과 같다.

	직접노무비	총 원 가
기말재공품	₩1,450,000	₩6,344,000
기말제품	2,030,000	8,784,000
매출원가	2,320,000	9,272,000

요구사항

1. 제조간접비 배부차이를 전액 매출원가에서 조정할 경우 조정후의 매출원가는 얼마인가?

2. 제조간접비 배부차이를 총원가비례법으로 조정할 경우 조정후의 매출원가는 얼마인가?

3. 제조간접비 배부차이를 원가요소비례법으로 조정할 경우 조정후의 매출원가는 얼마인가?

해답

$$제조간접비\ 예정배부율 : \frac{10,000,000}{5,000,000} = 2$$

실제발생액		10,120,000
예정배부액	5,800,000 ×2 =	11,600,000
과대배부액		1,480,000

1. 매출원가조정법에서 제조간접비의 과대배부액은 전액 매출원가에서 차감한다.

9,272,000 - 1,480,000 = ₩7,792,000

2. 총원가비례법에서 제조간접비의 과대배부액은 각 계정에서 차감하여 조정한다

$$9,272,000 - 1,480,000 \times \frac{9,272,000}{6,344,000 + 8,784,000 + 9,272,000} = 8,709,600$$

3. 원가요소비례법직접노무비를 기준으로 제조간접비를 예정배부하므로 기말재공품, 기말제품 및 매출원가에 포함된 제조간접비 예정배부액은 직접노무비 금액에 비례한다. 즉, 기말재공품, 기말제품 및 매출원가에 포함된 직접노무비의 비율은 1,450 : 2,030 : 2,320 이고 제조간접비 예정배부액의 비율은 2,900 : 4,060 : 4,640이다. 따라서 이 문제에서 원가요소비례법으로 배부차이를 각 계정에 배분할 때에는 각 계정에 포함된 직접노무비를 기준으로 배분하면 된다. 물론 배부된 제조간접비를 기준으로 배분해도 결과는 동일하다.

$$9,272,000 - 1,480,000 \times \frac{2,320,000}{1,450,000 + 2,030,000 + 2,320,000} = 8,680,000$$

문제 2 정상개별원가 계산

종로회사는 직접노동시간을 기준으로 제조간접비를 예정배부하는 정상개별원가계산제도를 이용하고 있다. 연초에 예상한 연간제조간접비는 ₩750,000 직접노동시간은 10,000시간이다. 전기말까지는 제조간접비배부차이가 발생하지 않았으며 1월 1일의 재고자산계정 잔액은 다음과 같다.

원재료	₩35,000
재공품(작업 #102)	₩20,000
제 품(작업 #101)	₩60,000

1월 중 다음과 같은 거래가 발생하였다.

① 원재료 ₩105,000을 외상으로 구입하였고 월말원재료는 ₩9,000이다.

② 1월중 작업 #103, #104를 착수하였으며 #102, #103이 완성되었다. 수행된 작업에 대한 당월의 작업원가표는 다음과 같다.

	#102	#103	#104	합 계
직접재료비	₩20,000	₩50,000	₩45,000	₩115,000
직접노무비	35,000	40,000	15,000	90,000
직접노동시간	500시간	400시간	100시간	1,000시간

③ 당월중 노무비 발생액은 ₩100,000이다.

④ 당월에 발생된 실제제조간접비 총액은 ₩80,000이다.

⑤ 작업 #101, #102가 각각 ₩75,000과 ₩120,000에 외상으로 판매되었다.

요구사항

1. 제조간접비 예정배부율은 얼마인가?

2. 제조간접비를 예정배부하여 #102, #103, #104의 제조원가를 구하시오.

3. 제조간접비 배부차이를 구하시오.

4. 다음 각 방법에 의하여 제조간접비 배부차이를 조정할 때 조정 후 재공품, 제품, 매출원가는 얼마인지 계산하시오.

① 매출원가조정법　　② 원가요소비례법

5. 제조간접비 배부차이를 조정하는 이유는 무엇인가?

해답

1. 예정배부율 = $\frac{750,000}{10,000}$ = ₩75 / 직접노동시간

2.

	#102	#103	#104
기 초	20,000	–	–
직접재료비	20,000	50,000	45,000
직접노무비	35,000	40,000	15,000
제조간접비	500×75 = 37,500	400×75 = 30,000	100×75 = 7,500
	₩112,500	₩120,000	₩67,500

3.

예정배부액	75,000
실제발생액	80,000
부족배부액	₩5,000

4.

① 매출원가 조정법

	조정전금액	배분기준금액	배분액	조정후금액
#101(매출원가)	60,000	0	0	60,000
#102(매출원가)	112,500	112,500	5,000	117,500
#103(제 품)	120,000	0	0	120,000
#104(재 공 품)	67,500	0	0	67,500
계	360,000	112,500	5,000	365,000

∴ 매출원가 = 60,000 + 117,500 = ₩177,500
제 품 = ₩120,000
재 공 품 = ₩67,500

② 원가요소비례법

	조정전금액	배분기준금액[1]	배분액	조정후금액
#101(매출원가)	60,000	0	0	60,000
#102(매출원가)	112,500	37,500(50%)	2,500	115,000
#103(제　　품)	120,000	30,000(40%)	2,000	122,000
#104(재 공 품)	67,500	7,500(10%)	500	68,000
계	360,000	75,000	5,000	365,000

∴ 매출원가 = 60,000+115,000 = ₩175,000
제　　품 = ₩122,000
재 공 품 = ₩68,000

1) 원가요소비례법에서는 재고자산(재공품,제품)과 매출원가에 포함되어있는 제조간접비를 기준으로 해서 배부차이를 배분한다.

5. 외부보고용 재무제표상의 제품원가는 실제원가라야 하므로 예정배부율에 의해 계산된 금액을 실제원가로 전환하기 위하여 제조간접비배부차이를 조정한다.

문제 3 보조부문의 원가배부

서강(주)는 두 개의 보조부문과 두 개의 제조부문을 가지고 있다. 보조부문은 동력부문과 수선부문이다. 보조부문의 서비스 제공비율은 다음과 같다.

	동력부문	수선부문	제조A	제조B
동력부문	–	20%	50%	30%
수선부문	25%	–	30%	45%

각 부문의 제조간접비 발생액은 다음과 같다.

동력부문	₩14,000
수선부문	20,000
제조부문A	35,000
제조부문B	50,000

요구사항

1. 직접배분법에 따라 배분할 때 제조A와 제조B에 배분되는 금액은 각각 얼마인가?
2. 단계배분법에 따라 배분할 때 제조A와 제조B에 배분되는 금액은 각각 얼마인가?

   단, 동력부문을 먼저 배분하시오.
3. 물음2에서 동력부문을 먼저 배분하는 것에 대하여 구체적인 근거를 들어서 비판하시오.
4. 상호배분법에 따라 배분할 때 제조A와 제조B에 배분되는 금액은 각각 얼마인가?
5. 물음4에 의할 때 제조간접비 배분에 필요한 분개를 제시하시오.

해답

1.

배부원가	보조부문		제조부문		합계
	동력부문	수선부문	제조A	제조B	
배부전원가	14,000	20,000	35,000	50,000	119,000
동력부문	(14,000)	—	8,750[1]	5,250	0
수선부문	—	(20,000)	8,000[2]	12,000	0
배부후원가	0	0	51,750	67,250	119,000

1) $14,000 \times \dfrac{50\%}{50\% + 30\%} = 8,750$

2) $20,000 \times \dfrac{30\%}{30\% + 45\%} = 8,000$

∴ 제조A에 배분될 원가 = 8,750 + 8,000 = ₩16,750

제조B에 배분될 원가 = 5,250 + 12,000 = ₩17,250

2.

배부원가	보조부문		제조부문		합계
	동력부문	수선부문	제조A	제조B	
배부전원가	14,000	20,000	35,000	50,000	119,000
동력부문	(14,000)	2,800	7,000[3]	4,200	0
수선부문	—	(22,800)	9,120[4]	13,680	0
배부후원가	0	0	51,120	67,880	119,000

3) $14,000 \times \dfrac{50\%}{20\% + 50\% + 30\%} = 7,000$

4) $22,800 \times \dfrac{30\%}{30\% + 45\%} = 9,120$

∴ 제조A에 배분될 원가 = 7,000 + 9,120 = ₩16,120

제조B에 배분될 원가 = 4,200 + 13,680 = ₩17,880

3. 동력부문과 수선부문을 비교해 보면 다음과 같다.

	동력부문	수선부문
타보조부문에 대한 서비스제공비율	20%	25%
보조부문원가의 크기	14,000	20,000

∴ 수선부문원가를 먼저 배분하여야 한다.

4. 동력부문이 배부할 총원가를 X, 수선부문이 배부할 총원가를 Y라 가정한다.

① : X = 14,000 + 0.25Y

② : Y = 20,000 + 0.2X

③ : ①을 ②에 대입하여 Y를 산출한다.

Y = 20,000 + 0.2(14,000 + 0.25Y)

Y = 20,000 + 2,800 + 0.05Y

0.95Y = 22,800 ∴ Y = 24,000

④ : Y값을 ①에 대입하여 X를 산출한다.

X = 14,000 + 0.25×24,000 = 20,000

	보조부문		제조부문		
배부원가	동력부문	수선부문	제조A	제조B	합계
배부전원가	14,000	20,000	35,000	50,000	119,000
동력부문	(20,000)	4,000	10,000[5)]	6,000	0
수선부문	6,000	(24,000)	7,200[6)]	10,800	0
배부후원가	0	0	52,200	66,800	119,000

5) $20,000 \times \dfrac{50\%}{20\% + 50\% + 30\%} = 10,000$

6) $24,000 \times \dfrac{30\%}{25\% + 30\% + 45\%} = 7,200$

∴ 제조A에 배분될 원가 = 10,000 + 7,200 = ₩17,200

제조B에 배분될 원가 = 6,000 + 10,800 = ₩16,800

5.

(차) 제조간접비(제조A부문비)	17,200	(대) 제조간접비(동력부문비)	14,000
제조간접비(제조B부문비)	16,800	제조간접비(수선부문비)	20,000

Chapter 5

종합원가계산

제1절 종합원가계산의 개요

제2절 종합원가계산의 방법

제3절 공정별 원가계산

제1절 종합원가계산의 개요

1 종합원가계산의 의의

종합원가계산은 동일한 제품을 연속적으로 반복하여 대량생산하는 제조환경에 적합한 제품원가계산방법이다. 종합원가계산에서는 동일한 공정을 거쳐서 생산되는 각 제품은 동질적이기 때문에 각 제품의 단위당 원가는 동일하다고 가정한다.

개별원가계산에서 작업원가표를 작성하듯이 종합원가계산에서는 제조원가보고서를 작성한다. 작업원가표는 개별작업별로 소요된 제조원가를 집계하는 서류이고 제조원가보고서는 제조공정별로 제조원가를 집계하는 서류이다. 개별원가계산에서는 개별작업별로 작업원가표에 집계된 원가가 각 제품이나 재공품의 원가가 된다. 즉, 완성된 작업의 작업원가표에 집계된 원가는 제품원가가 되고, 미완성된 작업의 작업원가표에 집계된 원가는 재공품의 원가가 된다. 그러나 종합원가계산에서는 각 공정별로 원가를 집계하여 일정기간 동안 그 공정에서 생산된 완성품과 미완성된 기말재공품에 일정한 기준(완성품환산량)에 의하여 제조원가를 배분한다. 즉, 제조원가보고서에 집계된 원가 중 완성품에 배분된 것이 완성품의 원가가 되고 기말재공품에 배분된 것이 기말재공품의 원가가 된다.

2 개별원가계산과 종합원가계산 비교

(1) 개별원가계산과 종합원가계산의 원가흐름비교

개별원가계산은 개별작업별로 원가를 집계하고 종합원가계산은 공정별로 원가를 집계하기 때문에 다음 [그림 3-1]과 같이 원가흐름이 다르다.

[그림 3-1] 개별원가계산과 종합원가계산의 원가흐름

• 개별원가계산

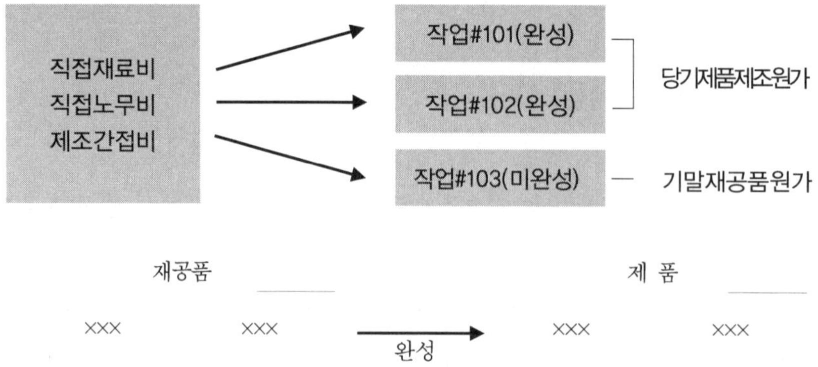

• 종합원가계산

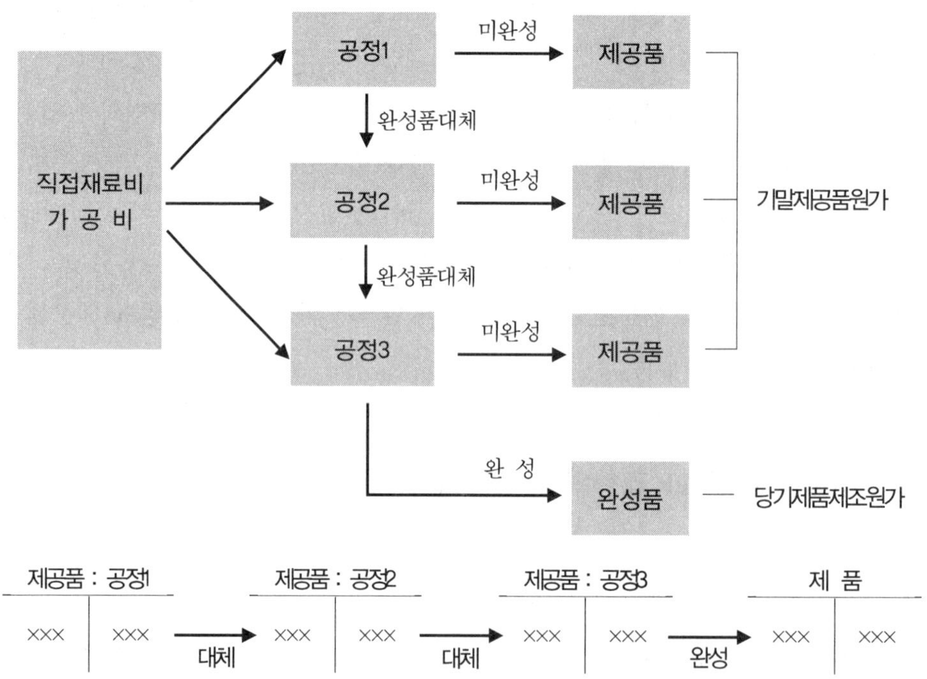

(2) 개별원가계산과 종합원가계산의 차이

개별원가계산과 종합원가계산의 구체적인 차이를 정리하면 다음 [그림 5-2]와 [표 5-1]과 같다.

[그림 5-2] 개별원가계산과 종합원가계산의 차이

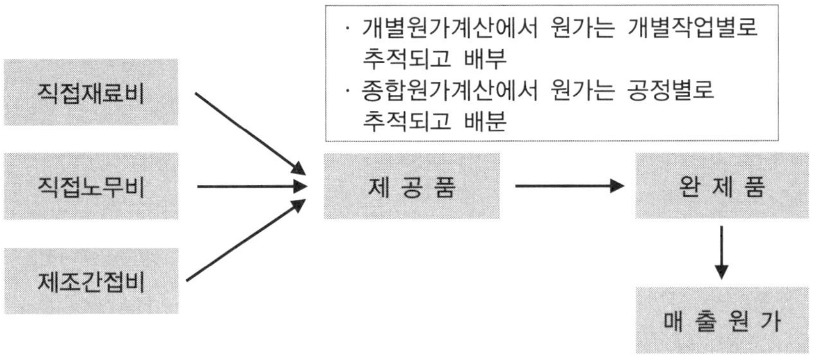

[표 5-1] 개별원가계산과 종합원가계산의 차이

구분	개 별 원 가 계 산	종 합 원 가 계 산
생산형태	다품종, 소량, 주문생산 [주문생산방식]	동종제품, 대량, 반복생산 [연속흐름생산방식]
원가계산접근법	작업원가표별 집계 [주문서, 제품 중심]	기간별평균단가 [공정 중심]
원가요소의 구분	직접비와 간접비-추적가능성 기준	재료비와 가공비-공정투입시점 기준
원가배분의 기준	노동시간이나 기계시간 등	완성품환산량
기말제공품 평가	미완성된 작업원가표에 집계된 원가	기말재공품 환산량 × 평균단가
전형적 업종	건설업, 조선업, 회계법인, 법률사무소 등	정유, 화학, 시멘트, 제조업, 식품가공업 등

3 완성품환산량의 개념

1) 완성품환산량의 의의

일정기간 동안에 투입한 모든 노력을 그 기간 동안에 제품을 완성하는 데에만 투입했다고 할 때 완성되었을 완성품수량으로 나타낸 수치이다. 즉, 각 공정의 완성품과 기말재공품을 완성품(100%) 기준으로 환산할 경우 몇 개에 해당하는 지를 나타내는 가상적인 수치를 의미한다. 예를 들면 기말재공품 2단위가 있는데 50% 완성된 것이라면 이 기말재공품은 1단위의 완성품과 같다. 이때 기말재공품의 완성품환산량은 1단위가 되는 것이다.

다시 쉽게 풀어서 설명하면 다음과 같다. 100%의 노력을 투입하면 완성품 1단위를 만들 수 있는 상황에서 기말에 완성품 1단위만 있다면 완성품환산량은 1단위이다. 기말에 완성품 2단위만 있다면 완성품환산량은 2단위이다. 그런데 만약 완성품 1단위와 50% 완성된 기말재공품 1단위가 있다면 완성품환산량은 1.5단위가 된다. 물량기준으로는 완성품 1단위와 기말재공품 1단위를 합하면 2단위가 되지만 완성품을 만들기 위해 투입된 원가의 정도를 보면 완성품 1.5단위에 해당하므로 완성품환산량은 1.5단위가 된다.

2) 필요성

종합원가계산에서는 공정별로 집계된 원가를 완성품과 기말재공품에 인위적으로 배분하여 원가를 산정한다. 이때 인위적으로 배분하기 위한 기준이 완성품환산량이 된다. 완성품과 기말재공품에 투입된 원가(완성도, 진척도)가 다르기 때문에 동일한 비중으로 원가배부를 할 수는 없다. 그러므로 비중을 같게 하기 위하여 완성품환산량이 필요하다.

예를 들어 당기에 A공정에 집계된 원가가 ₩200이고 당기 완성품은 1단위이고, 50% 완성된 기말재공품이 2단위라 하자. A공정의 원가를 완성품과 기말재공품에 배분하여야 완성품이 얼마인지 기말재공품이 얼마인지를 산정할 수 있다. 그런데 완성품과 기말재공품은 물량으로는 1단위와 2단위이지만 투입된 노력의 정도(비중)면에서 보면 완성품과 기말재공품은 각각 1단위에 해당한다. 따라서 완성품환산량은 2단위(1단위+2단위 × 50%)이고 완성품환산량 단위당원가는 ₩100 (200 ÷ 2)이며, 완성품의 원가는 ₩100(1단위 × ₩100), 기말재공품의 원가는 ₩100(1단위 × ₩100)이 된다.

3) 완성품환산량의 계산방법

재공품의 완성품 환산량 = 재공품 수량×진척도[완성도]

예를 들어 설명하면 다음과 같다. 종로회사는 분유를 생산하는 회사다. 기초재고는 없으며 20×1년 분유 1,000단위를 생산에 착수해서 기말 현재 600단위를 완성시켰고 나머지 400단위는 60%의 진척을 보여주고 있다. 재료는 공정초에 전량 투입되고, 가공비는 전공정을 통하여 균등하게 발생한다. 당기의 완성품환산량은 얼마인가?

			완성품환산량		
	물 량		직접재료비	가 공 비	
완 성 품	600단위		600단위	600단위	
기말재공품	400단위	(0.6)	400단위	240단위	(400단위×0.6)
총 계	1,000단위		1,000단위	840단위	

재료는 공정초에 전량 투입되었기 때문에 완성품이나 기말재공품에 총 투입될 노력의 100%가 투입되어 있다. 그러므로 물량과 동일한 1,000단위가 완성품환산량이다. 그러나 가공비는 완성품의 경우에는 총 투입될 노력의 100%, 기말재공품의 경우에는 총 투입될 노력의 60%가 투입되었으므로 물량과는 달리 840단위가 완성품환산량이 된다.

또한 당기 분유 생산에 직접재료비가 300,000원, 직접노무비가 160,000, 제조간접비가 50,000원 투입되었다고 가정해 보자. 결과적으로 600단위의 완성품과 400단위의 미완성품의 생산에 투입된 총원가는 510,000원이다. 이 때 최종적으로 완성품과 미완성품(기말재공품)의 원가는 각각 얼마로 계산하는 것이 정확한 원가계산이 될 것인가를 고민해야 한다. 앞서 살펴보았듯이 510,000원을 수량을 기준으로 완성품과 미완성품에 각각 60 : 40의 비율로 배분하면 안된다. 배분비율은 수량이 아닌 완성품환산량이 되어야 한다. 이 경우 원가의 배분 결과가 [그림 5-3]에 요약되어 있다.

[그림 5-3] 완성품과 기말재공품의 원가배분

재 공 품			
DM	300,000	완성	?
DL	160,000	기말	?
OH	50,000		
	510,000		510,000

물 량			
기 초	0	완 성	600
당 기	1,000	기 말	400(0.6)
	1,000		1,000

실질적인 배분기준 : 완성품환산량

	배분될 원가	배분비율 완 성	배분비율 기 말	배분 완 성	배분 기 말
DM	₩300,000	600	400	₩180,000	₩120,000
DL	160,000	600	240		
OH	50,000	600	240		
가공비	₩210,000	600	240	150,000	60,000
				₩330,000	₩180,000

제2절 종합원가계산의 방법

1 종합원가계산 5단계

종합원가계산의 절차를 5단계로 나누어 보면 다음 [표 5-2]와 같이 요약된다. 우선 1단계로 물량의 흐름을 파악해야 한다. 재공품계정을 이용하여 투입된 총량(기초재공품수량+당기착수량)과 산출된 총량(완성품수량+기말재공품수량)을 파악한다. 다음 2단계에서는 원가요소별로 완성품환산량 계산한다. 산출된 총량에 대하여 원가요소별로 완성도를 곱하여 원가요소별 완성품환산량을 계산한다. 원가요소별로 투입되는 시점이 다르면 완성도에 차이가 있으므로 완성품환산량은 원가요소별로 산정하여야 한다. 특히 원재료의 경우에 종류가 완전히 다르고 투입하는 시점이 다른 경우에는 원재료 종류별로 완성품환산량을 산정하여야 한다. 3단계에서는 원가요소별로 기초재공품원가와 당기투입원가를 계산한다. 4단계에서는 원가요소별로 집계된 원가를 완성품환산량으로 나누어 완성품환산량 단위당원가를 계산한다. 마지막으로 완성품과 기말재공품의 완성품환산량에 완성품환산량 단위당원가를 곱하여 각각의 원가를 계산한다.

[표 5-2] 종합원가계산의 절차

제1단계	물량의 흐름 파악
제2단계	완성품환산량 계산-원가요소별로 구분[재료비, 가공비]
제3단계	총원가의 요약-기초재공품원가, 당기발생원가 [원가요소별로 원가 요약-재료비, 가공비]
제4단계	완성품환산량 단위당 원가의 계산
제5단계	원가의 배분-완성품원가, 기말재공품원가

예제 1 종합원가계산의 절차 - 기초재공품이 없는 경우

울산기업은 1월초에 영업을 시작하였다. 1월 중에 200단위를 착수하여 100단위는 완성하고, 100단위는 1월말 현재 작업이 진행 중이다. 원재료는 공정초에 전량 투입이 되고, 가공비는 공정 전반에 걸쳐 균등하게 발생한다.

요구사항

(1) 기말재공품의 완성도가 25%일 경우 재료비와 가공비의 완성품환산량은 각각 얼마인가?

(2) 1월의 재료비 ₩10,000, 가공비는 ₩5,000이라고 한다. 완성품의 원가와 기말재공품의 원가는 각각 얼마인가?

해 답

	[제1단계] 물량의 흐름	[제2단계] 완성품 환산량 재료비	가공비	
기초재공품	0			
당기착수	200			
총투입량	200			
당기완성	100	100	100	
기말재공품	100(0.25)	100	25	
총산출량	200	200	125	
[제3단계] 총원가의 요약				합계
기초재공품원가		–	–	–
당기발생원가		₩10,000	₩5,000	₩15,000
합계		₩10,000	₩5,000	₩15,000
[제4단계] 환산량 단위당 원가				재공품 계정 차변 금액
완성품환산량		÷ 200	÷ 125	
환산량 단위당원가		@50	@40	@90
[제5단계] 원가의 배분				
완성품원가		100단위 × @90 =		₩9,000
기말재공품원가		100단위 × @50 + 25단위 × @40 =		6,000
합계				₩15,000

재공품 계정 대변 금액

2 원가흐름의 가정

기초재공품이 없는 경우에는 원가흐름에 대한 가정이 필요하지 않다. 하지만 제품 생산시 당기 이전에 공정 중에 있던 기초재공품이 존재하는 경우에는 완성품환산량을 계산하기 위해 원가흐름에 대한 가정을 하여야 한다. 일반적으로 원가흐름의 가정은 평균법 혹은 선입선출법을 이용한다.

1) (가중)평균법(waighted average method, WAM)

평균법은 기초재공품의 제조를 당기 이전에 착수하였음에도 불구하고 당기에 착수한 것으로 가정한다. 따라서 가중평균법은 기초재공품원가와 당기발생원가를 구분하지 않고 이를 합하여 총원가를 구하고, 총원가를 완성품환산량에 비례하여 당기완성품과 기말재공품에 배분하는 방법이다. 평균법은 전기와 당기의 작업을 구분하지 않으며, 전기와 당기의 수량과 원가도 구분하지 않는다. 평균법은 전기와 당기의 원가가 가중평균되어 당기에 완성된 모든 제품의 원가가 동일하게 되므로 회계처리가 간편하다는 장점이 있다. 하지만 관리적인 측면에서 한 기간동안 각 공정의 업적이 정확하게 표시하지 못한다는 단점이 있다. 원가배분을 재공품계정에서 간단히 나타내면 [그림 5-4]와 같다.

[그림 5-4] 평균법 가정시 원가흐름

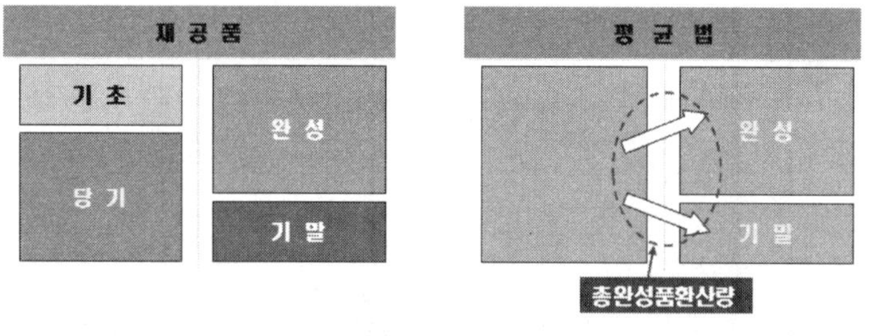

2) 선입선출법(first-in, first-out method, FIFO)

선입선출법은 실제의 물량흐름을 가장 잘 반영하는 방법으로서 먼저 투입된 기초재공품이 우선적으로 완성되고 그 후에 당기에 착수한 것이 완성된다고 가정한다. 기초재공품은 당기에 모두 완성되고 기말재공품은 당기에 투입된 것 중 미완성된 재공품으로만 구성된다는 가정이다. 따라서 완성품원가는 기초재공품원가와 당기발생원가로 구성되고, 기말재공품원가는 당기발생원가로만 구성된다고 본다. 선입선출법에 의하면 당기 완성품은 기초재공품을 추가가공하여 완성한 것과 당기에 착수하여 완성한 것으로 구성되며, 원가계산 목적상 그 실질이 동일하지 않다고 가정하는 것이다. 기초재공품원가는 일단 완성품에 배분하고 당기발생원가를 당기분 완성품환산량에 비례하여 완성품과 기말재공품에 배분하는 방법이다. 원가배분 하는 것을 재공품계정에서 간단히 나타내면 [그림 5-5]와 같다.

[그림 5-5] 선입선출법 가정시 원가흐름

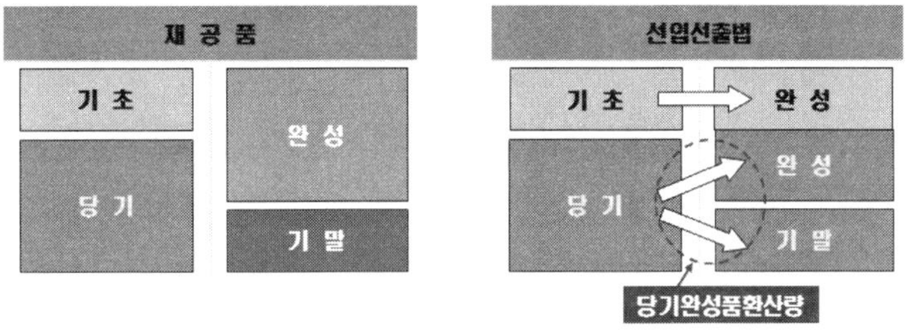

예제 2 종합원가계산의 절차 – 기초재공품이 존재하는 경우

울산기업은 단일제품을 대량으로 생산하고 있다. 원재료는 공정초에 전량 투입되고, 가공비는 공정전반에 걸쳐 균등하게 발생한다. 다음 자료를 참고하여 요구사항에 답하시오.

• 당월 원가계산 자료

	수량	완성도
기초재공품	100개	25%
당기착수	400	
당기완성	300	
기말재공품	200	50%

• 당월 제조원가에 관한 자료

	수량	가공비	합계
기초재공품원가	₩5,000	₩1,000	₩6,000
당기발생원가	16,000	30,000	46,000

➲ 요구사항

(1) 평균법에 의한 완성품원가와 기말재공품원가는 각각 얼마인가?

(2) 선입선출법에 의한 완성품원가와 기말재공품원가는 각각 얼마인가?

➲ 요구사항

(1) 평균법 - 기초재공품이 있는 경우

	[제1단계] 물량의 흐름	[제2단계] 완성품 환산량 재료비	가공비	
기초재공품	100(0.25)			
당기착수	400			
총투입량	500			
당기완성	300	300	300	
기말재공품	200(0.5)	200	100	
총산출량	500	500	400	
[제3단계] 총원가의 요약				합계
기초재공품원가		₩5,000	₩1,000	₩6,000
당기발생원가		16,000	30,000	46,000
합계		₩21,000	₩31,000	₩52,000
[제4단계] 환산량 단위당 원가				
완성품환산량		÷ 500	÷ 400	
환산량단위당원가		@42	@77.5	@119.5
[제5단계] 원가의 배분				
완성품원가		300단위 × @119.5 =		₩35,850
기말재공품원가		200단위 × @42 + 100단위 × @77.5 =		16,150
합계				₩52,000

재공품 계정 차변 금액

재공품 계정 대변 금액

(2) 선입선출법 - 기초재공품이 있는 경우

	[제1단계] 물량의 흐름	[제2단계] 완성품 환산량 재료비	가공비	
기초재공품	100(0.25)	(100)	(25)	
당기착수	400			
총투입량	500			
당기완성				
기초재공품	100	0	75	
당기착수	200	200	200	
기말재공품	200(0.5)	200	100	
총산출량	500	400	375	
[제3단계] 총원가의 요약				합계
기초재공품원가		–	–	₩6,000
당기발생원가		16,000	30,000	46,000
합계		₩16,000	₩30,000	₩52,000
[제4단계] 환산량 단위당 원가				
완성품환산량		÷ 400	÷ 375	
환산량단위당원가		@40	@80	@120
[제5단계] 원가의 배분				
완성품원가		₩6,000 + 200 × @40 + 275 × @80 =		₩36,000
기말재공품원가		200 × @40 + 100단위 × @80 =		16,000
합계				₩52,000

재공품 계정 차변 금액

재공품 계정 대변 금액

평균법과 선입선출법을 비교하면 다음 [표 5-3]와 같다.

[표 5-3] 평균법과 선입선출법의 비교

구 분	평균법	선입선출법
기본가정	기초재공품도 당기 중에 착수되었다.	전기발생원가는 전기작업분에 당기발생원가는 당기분에 투입한다.
물량흐름 파 악	기초재공품수량+당기착수량 =완성품수량+기말재공품수량	기초재공품수량+당기착수량 =기초재공품수량+당기착수완성품수량 +기말재공품수량
완성품 환산량	당기까지의 작업분=완성품수량 +(기말재공품수량×기말재공품완성도)	당기 중의 작업분=기초재공품수량×(1−기초재공품완성도)+당기착수완성품수량 +(기말재공품수량×기말재공품완성도)
원가요약	기초재공품원가+당기투입원가=총원가	당기투입원가
완성품 환산량 단위당 원 가	$\frac{\text{총원가}}{\text{완성품환산량(당기까지 작업분)}}$	$\frac{\text{당기투입원가}}{\text{완성품환산량(당기중 작업분)}}$
완성품 원 가	Σ완성품의 원가요소별 완성품환산량×원가요소별 완성품환산량 단위당원가	기초재공품원가+기초재공품을 완성시키기 위하여 당기 중 투입한원가+당기착수완성품원가
기 말 재공품 원 가	Σ기말재공품의 원가요소별 완성품환산량×원가요소별 완성품환산량 단위당원가	Σ기말재공품의 원가요소별 완성품환산량×원가요소별 완성품환산량 단위당원가
장 점	계산의 용이성	전기의 작업능률과 당기의 작업능률이 명확히 구분되기 때문에 원가통제상 유용한 정보 제공 (표준종합원가는 무조건 FIFO)

제3절 공정별 원가계산

1 공정별 원가계산의 원가 흐름

현실적으로 제품의 생산은 복수의 공정에 의해 이루어지게 된다. 표준화된 여러 개의 공정을 연속적으로 거쳐 제품이 완성되는 경우의 종합원가계산을 공정별 원가계산이라고 한다. 공정별 원가계산시에는 각 공정별로 원가요소가 집계되고 제품원가가 산출되어야 한다. 이 때도 앞서 살펴본 단일공정 종합원가계산의 논리가 그대로 적용된다. 그러나 여러 개의 공정이 있는 경우에는 전공정에서 완성된 물량이 차공정으로 대체되어 추가적인 가공을 거쳐서 최종적인 완성품 즉, 제품이 된다. 따라서 공정별 원가계산에서는 전공정대체원가에 대하여 정확히 이해하는 것이 핵심이 된다. 복수의 공정에서는 공정의 선후행관계를 파악하여야 하며, 선행공정의 완성품은 후행공정의 원재료로 간주하여 종합원가계산을 적용한다.

연속되는 여러 개의 공정이 있는 경우의 원가흐름은 다음과 같다. 두 개의 제조공정이 있는 경우 제1공정에서 완성된 완성품은 제2공정에 투입되어 추가적인 가공을 거쳐 최종 완제품이 된다. 이 때 제2공정의 입장에서 볼 때 제1공정의 완성품원가는 원재료와 동일하게 취급하며, 이를 전공정원가라고 한다.

[그림 5-6] 연속되는 제조공정이 있는 경우의 물량흐름과 원가흐름

재공품 - 제1공정			
기초재공품	×××	완성품원가	×××
재 료 비	×××	기말재공품	×××
가 공 비	×××		
	×××		×××

재공품 - 제2공정			
기초재공품	×××	완성품원가	×××
전공정원가	×××	기말재공품	×××
재 료 비	×××		
가 공 비	×××		
	×××		×××

1) 제1공정에서는 차공정대체원가(완성품원가)로, 제2공정에서는 전공정대체원가로 표현한다.

2 공정별 원가계산

공정별 원가계산은 우선 앞서 단일공정 종합원가계산에서와 동일한 방법으로 원가를 계산하여 제1공정의 완성품에 대한 물량과 완성품의 원가(차공정대체원가)를 차공정으로 대체한다. 그 다음으로 제2공정에 투입된 원가요소를 전공정대체원가, 직접재료비, 가공비 등으로 구분한 후에 앞에서 배운 내용에 따라 원가를 계산한다.

공정별 원가계산시 주의할 점은 다음과 같다.

① 전공정에서 완성된 물량은 별도의 언급이 없는 한 차공정의 당기착수량이 된다.

② 차공정의 원가요소에는 반드시 전공정대체원가가 포함되어야 한다.

③ 별도의 언급이 없는 한 전공정대체원가의 완성도는 공정초에 전량 투입되는 재료와 동일하게 처리하면 된다.

예제 3 연속되는 제조공정

울산기업은 제1공정과 제2공정 두 개의 연속된 제조공정을 통하여 제품을 생산한다. 제1공정의 원가계산 자료는 [예제 1]과 같다. 제2공정의 원재료는 공정의 50% 완성시점에서 모두 투입되고, 가공비는 공정전반에 걸쳐 균등하게 발생한다. 당월의 제2공정 원가계산 자료와 제조원가 자료는 다음과 같다.

• 제2공정 원가계산 자료

	수량	완성도
기초재공품	200개	20%
당기착수	300	
당기완성	400	
기말재공품	100	40%

• 제2공정 제조원가 자료

	전공정원가	재료비	가공비	합계
기초재공품원가	₩14,000	₩ 0	₩4,000	₩18,000
당기발생원가	36,000	10,000	18,000	64,000

➲ 요구사항

(1) 평균법에 의한 제2공정의 완성품원가와 기말재공품원가는?

(2) 선입선출법에 의한 제2공정의 완성품원가와 기말재공품원가는?

➲ 해 답

(1) 평균법

	[제1단계] 물량의 흐름	[제2단계] 완성품 환산량 전공정비	재료비	가공비	
기초재공품	200(0.2)				
당기착수	300				
총투입량	500				
당기완성	400	400	400	400	
기말재공품	100(0.4)	100	-	40	
총산출량	500	500	400	440	
[제3단계] 총원가의 요약					합계
기초재공품원가		₩14,000	₩0	₩4,000	₩18,000
당기발생원가		36,000	10,000	18,000	64,000
합계		₩50,000	₩10,000	₩22,000	₩82,000 (재공품 계정 차변 금액)
[제4단계] 환산량 단위당 원가					
완성품환산량		÷ 500	÷ 400	÷ 440	
환산량단위당원가		@100	@25	@50	@175
[제5단계] 원가의 배분					
완성품원가		400 × @100 +	400 × @25 +	400 × @50 =	₩70,000
기말재공품원가		100 × @100 +		40 × @50 =	12,000
합계					₩82,000 (재공품 계정 대변 금액)

(2) 선입선출법

- 선입선출법 적용시 재공품계정

재공품 - 제1공정

차변		대변	
기초재공품	6,000	완성품원가	36,000
재료비	16,000	기말재공품	16,000
가공비	30,000		
	52,000		52,000

재공품 - 제2공정

차변		대변	
기초재공품	18,000	완성품원가	68,200
전공정원가	36,000	기말재공품	13,800
재료비	10,000		
가공비	18,000		
	82,000		82,000

	[제1단계] 물량의 흐름	[제2단계] 완성품 환산량			
		전공정비	재료비	가공비	
기초재공품	200(0.2)	(200)	(0)	(40)	
당기착수	300				
총투입량	500				
당기완성					
기초재공품	200	0	200	160	
당기착수	200	200	200	200	
기말재공품	100(0.4)	100	0	40	
총산출량	500	300	400	400	
[제3단계] 총원가의 요약					합계
기초재공품원가		–	–	–	₩18,000
당기발생원가		₩36,000	₩10,000	₩18,000	64,000
합계		₩36,000	₩10,000	₩18,000	₩82,000
[제4단계] 환산량 단위당 원가					
완성품환산량		÷ 300	÷ 400	÷ 400	
환산량 단위당원가		@120	@25	@45	@185
[제5단계] 원가의 배분					
완성품원가		₩18,000+200×@120+400×@25+360×@45 =			₩68,200
기말재공품원가		200 × @40 + 100단위 × @80 =			13,800
합계					₩82,000

재공품 계정 차변 금액

재공품 계정 대변 금액

연습문제

문제 1	선입선출법 및 평균법에 의한 종합원가계산

10월에 어람(주) 엔진공정의 기초재공품은 10,000단위(완성도 80%)이고, 기말재공품은 20,000단위(완성도 40%)이었다. 당기 중에 100,000단위를 새로이 투입하여 90,000단위를 완성하였다. 엔진공정의 재료는 공정 초에 모두 투입되고, 가공원가는 공정의 진행에 따라 일정하게 발생한다고 가정한다. 당기에 투입된 원가자료는 다음과 같다.

	직접재료원가	가공원가	합계
기초재공품	₩315,000	₩138,800	₩453,800
당기투입	1,500,000	900,000	2,400,000

엔진공정의 공정흐름은 다음과 같다. 기초재공품은 80%시점에 투입되어 당기에 20%를 추가 가공하여 완성품이 되었다. 당기착수량 100,000단위 중 80,000단위는 완성되었고 나머지 20,000단위는 40% 시점에서 차기로 이월되었다.

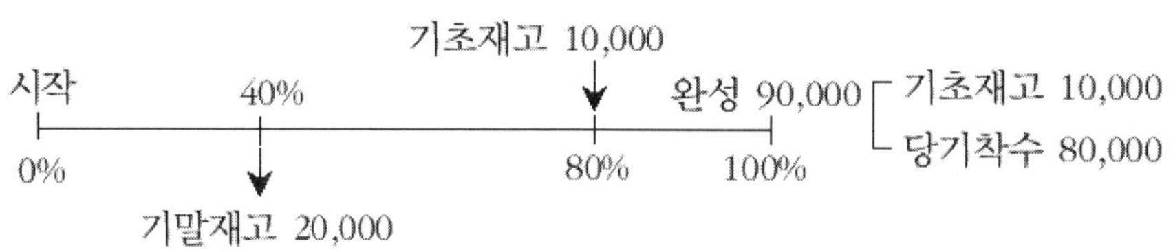

요구사항

1. 선입선출법에 의한 완성품원가와 기말재공품원가를 계산하시오.

2. 평균법에 의한 완성품원가와 기말재공품원가를 계산하시오.

해답

1. 선입선출법에 의한 완성품원가와 기말제공품 원가

	[1] 물량단위	[2] 완성품환산량 직접재료원가	가공원가	합 계
기초재고	10,000	10,000	8,000	
당기착수	100,000			
	110,000			
완성품(90,000단위)				
기초재고	10,000	0	2,000	
당기착수	80,000	80,000	80,000	
기말재고	20,000	20,000	8,000	
	110,000	100,000	90,000	
[3] 배부대상원가				
기초재고				₩453,000
당기투입		₩1,500,000	₩900,000	2,400,000
총원가				₩2,853,800
완성품환산량		÷100,000	÷90,000	
[4] 환산량 단위당원가		₩15	₩10	
[5] 원가배부				
완성품				
기초재공품원가				₩453,800
기초재공품 당기완성원가		–	₩20,000①	20,000
당기착수완성원가		₩1,200,000②	800,000	2,000,000
계				₩2,473,800
기말재공품		300,000	80,000③	380,000
총원가				₩2,853,800

(총원가 ₩2,853,800 — 일치)

① ₩10×2,000단위=₩20,000
② ₩15×80,000단위=₩1,200,000
③ ₩10×8,000단위=₩80,000

재공품(엔진공정)

기초재고	453,800	완성품	2,473,800
직접재료원가	1,500,000		
가공원가	900,000	기말재고	380,000
	2,853,800		2,853,800

2. 평균법에 의한 완성품원가와 기말재공품 원가

	[1] 물량단위	[2] 완성품환산량	
		직접재료원가	가공원가
완성품	90,000	90,000	90,000
기말재고	20,000	20,000	8,000
	110,000	110,000	98,000

	직접재료원가	가공원가	합 계
[3] 배부대상원가			
기초재고	₩315,000	₩138,800	₩453,800
당기투입	1,500,000	900,000	2,400,000
총원가	₩1,815,000	₩1,038,800	₩2,853,800
완성품환산량	÷110,000	÷98,000	
[4] 환산량 단위당원가	₩16.5	₩10.6	
[5] 원가배부			
완성품	₩1,485,000①	₩954,000	₩2,439,000
기말재공품	330,000	84,800②	414,800
총원가			₩2,853,800

(당기투입 합계 2,400,000과 기말재공품 합계 414,800: 일치)

① ₩16.5×90,000단위＝₩1,485,000
② ₩10.6×8,000단위＝₩84,800

재공품(엔진공정)

차변	금액	대변	금액
기초재고	453,800	완성품	2,439,000
직접재료원가	1,500,000		
가공원가	900,000	기말재고	414,800
	2,853,800		2,853,800

문제 2 공정별 종합원가계산

제1공정의 원재료는 공정 초기에 투입하며 가공원가는 전 공정에 걸쳐 균등하게 발생한다. 제1공정의 완성품과 기말재공품은 선입선출법을 적용하여 평가한다. 당월의 생산 및 원가자료는 다음과 같다.

	물량단위	직접재료원가	가공원가
기초재공품	1,000(80%)	₩6,480	₩4,040
당기투입	7,000	24,500	15,840
완성품	6,000		
기말재공품	2,000(70%)		

제2공정의 원재료는 공정의 완료시점에 투입하며 가공원가는 전 공정에 걸쳐 균등하게 발생한다. 제2공정의 완성품과 기말재공품은 평균법을 적용하여 평가하고 생산 및 원가자료는 다음과 같다. 제2공정의 당기투입량과 전공정원가는 제1공정의 완성품수량과 완성품원가가 된다.

	물량단위	전공정원가	직접재료원가	가공원가
기초재공품	2,000(60%)	₩11,500	-	₩4,410
당기투입	?	?	₩14,140	9,450
완성품	7,000			
기말재공품	1,000(50%)			

요구사항

1. 제1공정의 완성품원가와 기말재공품원가를 계산하시오.

2. 제2공정의 완성품원가와 기말재공품원가를 계산하시오.

해답

〈물량흐름〉

제1공정

차변		대변	
기초재고	1,000	완성	6,000
당기착수	7,000	기말재고	2,000
	8,000		8,000

제2공정

차변		대변	
기초재고	2,000	완성	7,000
당기착수	6,000	기말재고	1,000
	8,000		8,000

(제1공정 완성 6,000 → 제2공정 당기착수)

〈원가흐름〉

재공품 - 통제

차변		대변	
기초재고	26,430[1]	완성품	72,576 →당기제품제조원가
직접재료원가	38,640[2]		
가공원가	25,290[3]	기말재고	17,784[4]
	90,360		90,360

제1공정(엔진)

차변		대변	
기초재고	10,520	완성	40,500
직접재료원가	24,500		
가공원가	15,840	기말재고	10,360
	50,860		50,860

제2공정(완성차)

차변		대변	
기초재고	15,910	완성품	72,576
전공정원가	40,500		
직접재료원가	14,140		
가공원가	9,450	기말재고	7,424
	80,000		80,000

(제1공정 완성 40,500 → 제2공정 전공정원가)

① ₩10,520 + 15,910 = ₩26,430
② ₩24,500 + 14,140 = ₩38,640
③ ₩15,840 + 9,450 = ₩25,290
④ ₩10,360 + 7,424 = ₩17,784

1. 제1공정의 완성품원가와 기말제공품원가

	[1] 물량단위	[2] 완성품환산량	
		직접재료원가	가공원가
기초재고	1,000	1,000	800
당기착수	7,000		
	8,000		
완성품(6,000단위)			
기초재고	1,000	0	200
당기착수	5,000	5,000	5,000
기말재고	2,000	2,000	1,400
	8,000	7,000	6,600

			합 계
[3] 배부대상원가			
기초재고			₩10,520
당기투입	₩24,500	₩15,840	40,340
총원가			₩50,860
완성품환산량	÷7,000	÷6,600	
[4] 환산량 단위당원가	₩3.5	₩2.4	
[5] 원가배부			
완성품			
기초재공품원가			₩10,520
기초재공품 당기완성원가		₩480	480
당기착수완성원가	₩17,500	12,000	29,500
계			₩40,500
기말재공품	7,000	3,360	10,360
총원가			₩50,860

2. 제2공정의 완성품원가와 기말제공품원가

		[2] 완성품환산량		
	[1] 물량단위	전공정원가	직접재료원가	가공원가
완성품	7,000	7,000	7,000	7,000
기말재고	1,000	1,000	0	500
	8,000	8,000	7,000	7,500

				합 계
[3] 배부대상원가				
기초재고	₩11,500	-	₩4,410	₩15,910
당기투입	40,500①	₩14,140	9,450	64,090
총원가	₩52,000	₩14,140	₩13,860	₩80,000
완성품환산량	÷8,000	÷7,000	÷7,500	
[4] 환산량 단위당원가	₩6.5	₩2.02	₩1.848	
[5] 원가배부				
완성품	₩45,500	₩14,140	₩12,936	₩72,576②
기말재공품	6,500	-	924	7,424
총원가				₩80,000

① 제1공정 완성품원가

② (₩6.5+2.02+1.848)×7,000단위=₩72,576

Chapter 6

공손품회계

제1절 공손품의 의의와 분류

제2절 공손의 회계처리

제3절 정상공손원가의 배부

제1절 공손품의 의의와 분류

1 합격품과 불합격품

기업은 생산중 혹은 생산완료시점에서 검사를 한 후 제품에 하자가 없는 경우 소비자에게 판매된다. 검사단계에서 하자 없이 통과한 완성품(혹은 재공품)으로서 정상적인 판매가치를 지닌 제품을 정상품(good units)이라 한다. 공손품(spoilage units)이란 품질이나 규격이 표준에 미달하여 검사과정에서 탈락한 불합격품을 말한다. 불합격품이 발생하는 이유는 생산공정의 결함이나 원재료의 불량, 혹은 작업자들의 부주의 등 여러 가지가 있다. 공손품은 기계결함이나 작업자의 실수, 원자재의 불량 등의 원인으로 발생하며, 공손품으로 분류된 물량은 폐기처분되거나 재가공을 거쳐 판매되기도 한다. 불량품(spoiled units)은 공손품과 같이 정상품에 비해 규격이나 품질수준이 미달하는 불합격품이지만 재작업을 통하여 정상품으로 만들 수 있는 제품을 말한다.

[그림 6-1] 검사단계와 불합격품

2 공손의 분류

공손품의 발생원인에 따라 정상공손과 비정상공손으로 구분된다.

1) 정상공손

정상공손(normal spoilage)은 능률적인 생산작업조건에서도 공정의 성격상 피할 수 없이 발생되는 공손을 의미한다. 정상공손의 원가는 현재의 기술수준으로는 개선할 수 없는 공정상의 결함으로 인하여 발생한 것이므로 제품원가의 일부로 간주한다.

2) 비정상공손

비정상공손(abnormal spoilage)은 능률적인 생산작업조건에서는 피할 수 있었던 성질의 공손을 의미한다. 비정상공손의 원가는 제조활동을 효율적으로 수행하였다면 방지할 수 있었던 원가이므로 전액 손실(영업외비용)로 처리한다.

제2절 공손의 회계처리

1 정상공손과 비정상공손 수량파악

정상공손이나 비정상공손은 외형적으로는 차이가 없고 발생원인이 무엇이냐에 따라 구분한 것이다. 따라서 실무적으로는 정상공손과 비정상공손의 구분이 어렵기 때문에 과거의 경험 등에 비추어 정상공손의 범위를 일정비율까지 정해놓고 그 범위 내에서 발생하는 것은 정상공손으로 간주하고 그 범위를 초과하여 발생하는 것은 비정상공손으로 처리한다. 여기서 정상공손으로 인정할 수 있는 허용한도를 정상공손허용률이라 한다.

정상공손허용률을 결정할 때 당기 중 검사를 받은 정상품(양품)의 일정비율까지를 정상공손으로 허용할 수도 있고, 당기 중 검사를 받은 총수량의 일정비율까지를 정상공손으로 허용할 수도 있다. 전자를 검사시점 통과기준(품질검사합격수량 기준)이라 하고 후자를 검사시점 도달기준(품질검사대상수량 기준)이라 한다.

1) 검사시점 통과기준

정상공손허용량 = 당기 중 검사를 통과한 정상품[1] × 정상공손허용률

1) 당기 중 검사를 받은 정상품, 당기 중 검사를 통과한 수량과 같은 뜻이다.

2) 검사시점 도달기준

정상공손허용량 = 당기 중 검사를 받은 수량[2] × 정상공손허용률

이 두 방법 중 어느 것이 더 우월한 방법이라고 단정할 수는 없지만 검사시점 통과기준이 도달기준에 비해 보다 합리적이다. 정상공손은 검사시점을 통과한 정상품(양품)을 생산하기 위하여 필연적으로 발생한 공손을 의미한다. 그러므로 양품의 일정비율로 산정하는 것이 합리적이다. 만약 검사시점 도달기준으로 정상공손수량을 산정한다면 정상공손수량을 산정하는데 비정상공손수량도 영향을 미치게 된다. 예를 들어서 검사시점에 도달한 총수량이 100단위라고 한다면 100단위 중에는 정상품도 있고 정상공손도 있고 비정상공손도 있다. 그런데 총 100단위를 기준으로 정상공손수량을 결정하게 되면 정상공손수량을 결정하는 과정에 비정상공손수량이 영향을 미치게 되므로 검사시점을 통과한 정상품을 기준으로 하는 것이 더 합리적이다.

원가흐름의 가정과 관계없이 정상공손수량은 실제의 물량흐름(선입선출법)에 따라 계산한다. 즉, 원가흐름의 가정으로 평균법을 사용하든지 또는 선입선출법을 사용하든지와 관계없이 정상공손수량을 산정할 때는 실제의 물량흐름인 선입선출법을 따른다. 왜냐하면 먼저 물량흐름을 파악한 후에 원가흐름의 가정에 따라 원가가 배분되기 때문에 원가흐름의 가정과 관계없이 물량흐름자체는 실제물량흐름과 같은 선입선출법을 따라야 한다.

예제 1 정상공손과 비정상공손의 수량 파악

울산기업은 제품X를 생산하는 회사이다. 제품X는 두 가지 공정을 걸쳐서 완성품이 된다. 20×3년 4월 중 1공정에서 발생된 활동 및 관련원가 자료는 다음과 같다.

· 4월초 기초재공품재고는 1,000단위이며, 완성도는 40%이다.

· 4월 중 생산에 착수한 물량은 11,000단위인데 4월말까지 8,000단위는 완성해서 2공정으로 대체했고 나머지 2,000단위는 기말재공품재고로 남아 있다.

· 기말재공품재고는 가공비가 60% 진척된 상태에 있다.

---

2) 당기 중 검사를 받은 정상품과 공손수량의 합을 의미한다.

➲ 요구사항

(1) 공손수량은 몇 단위인가?

(2) 종각(주)는 당기 중 검사를 통과한 정상품의 10%까지를 정상공손으로 허용하고 있다. 검사시점이 다음과 같을 경우 정상공손수량을 각각 구하시오.

① 20% ② 50% ③ 80%

(3) 종각(주)는 당기 중 검사를 받은 수량의 10%까지를 정상공손으로 허용하고 있다. 검사시점이 다음과 같을 경우 정상공손수량을 각각 구하시오.

① 20% ② 50% ③ 80%

➲ 해 답

(1)

재공품(수량)

기 초	1,000	(0.4)	기 초 완 성	1,000	
			당기착수완성	7,000	
			공 손	2,000	(?)
당기착수	11,000		기 말	2,000	(0.6)
총투입량	12,000		총 산 출 량	12,000	

(2)

① 20%

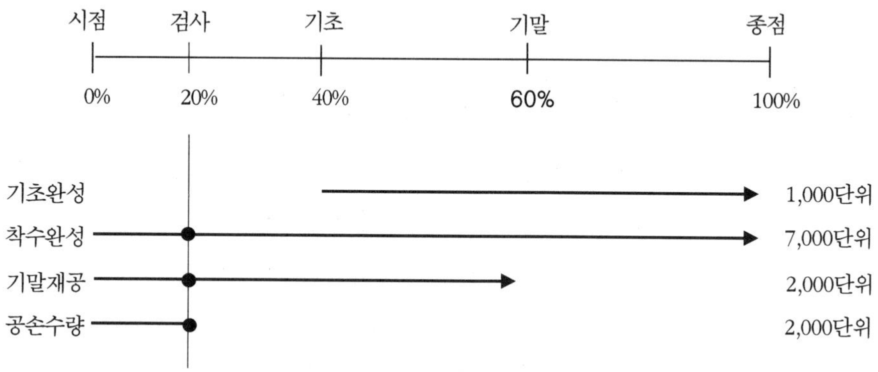

정상공손수량 (7,000+2,000)×10% = 900단위

- 검사시점 통과기준이므로 당기에 검사시점(그림에서 만나는 점)을 통과한 수량의 10%를 정상공손수량으로 허용한다.

② 50%

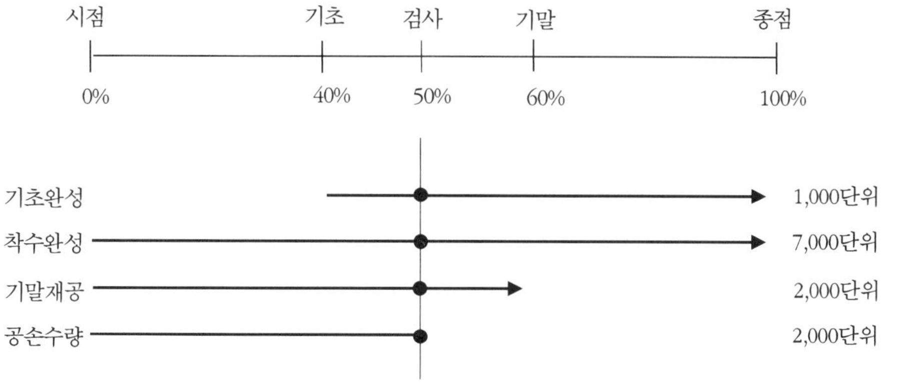

정상공손수량 (1,000+7,000+2,000)×10% = 1,000단위

③ 80%

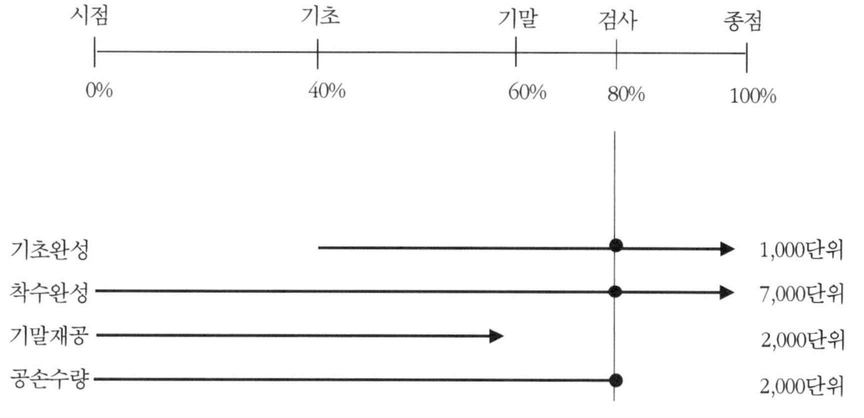

정상공손수량 (1,000+7,000)×10% = 800단위

(3)

• 검사시점 도달기준이므로 당기에 검사시점(그림에서 만나는 점)에 도달한 수량의 10%를 정상공손수량으로 허용한다. 즉, 공손품도 포함한다.

①	정상공손수량	(7,000+2,000+2,000)×	10%	=	1,100단위
②	정상공손수량	(1,000+7,000+2,000+2,000)×	10%	=	1,200단위
③	정상공손수량	(1,000+7,000+2,000)×	10%	=	1,000단위

2 공손의 회계처리 방법

1) 공손을 인식하지 않는 방법

완성품환산량을 계산할 때 공손수량을 전혀 반영하지 않는 방법이다. 이 방법에서는 공손의 완성품환산량에 해당하는 만큼 전체 완성품환산량이 감소하고 그 결과 완성품환산량 단위당원가가 증가하여 자연스럽게 공손품원가가 완성품과 기말재공품에 배분된다. 그러나 이 방법은 첫째, 정상공손원가와 비정상공손원가가 모두 제품원가로 처리되고, 둘째, 검사를 받지 않은 기말재공품에도 공손원가가 배분되며, 셋째, 공손원가를 인식하지 않으면 품질향상이 소홀해 질 수 있다는 문제점이 있다.

2) 공손을 분리하여 인식하는 방법

[표 6-1] 공손을 분리하여 인식할 때의 회계처리

구분	차변	금액	대변	금액
정 상 품	[차]제 품	×××	[대]재 공 품	×××
공손발생[집계]	[차]공 손 품	×××	[대]재 공 품	×××
비정상공손	[차]공손손실	×××	[대]공손품[재공품]	×××
정 상 공 손	[차]제 품	×××	[대]공손품[재공품]	×××

공손원가를 별도로 계산하여 정상공손원가는 정상품원가에 가산하고 비정상공손원가는 기간비용으로 처리하는 방법이다. 이 방법에서는 정상공손과 비정상공손을 구분한 후에 완성품환산량을 계산하는 과정에 포함시킨다. 정상공손은 필연적으로 발생하는 것으로 단기적으로는 통제할 수 없는 것이기 때문에 제품원가로 처리한다. 비정상공손은 효율적인 생산활동이 수행되었다면 발생하지 않기 때문에 기간비용으로 처리한다. 회계처리를 요약하면 다음과 같다.

3 공손품 원가의 산출

공손품의 대한 가공비 완성품 환산량의 완성도는 항상 검사시점이다. 왜냐하면 공손품에 대해서는 검사시점까지만 가공비가 투입되고, 검사로 인해 불량으로 판정이 되면 더 이상 추가 가공을 하지 않을 것이기 때문이다. 아래 [예제 2]를 통해 이를 살펴보자.

예제 2 공손품원가의 산출

울산기업은 평균법으로 종합원가계산을 적용하고 있는데, 공정시점에서 재료가 투입되고, 가공비는 공정의 완성도에 따라 발생한다. 검사는 완성도 70%에서 이루어지며, 정상공손의 허용한도는 검사시점 통과기준에 의한 정상품의 10%이다.

➲ 추가자료

- 기초재공품은 300개(완성도 60%)이다.
- 기초재공품의 원가는 재료비가 ₩19,500이며, 가공비는 ₩29,200이다.
- 당기에 생산에 착수된 수량은 1,500개이며, 당기에 완성된 제품은 1,400개이다.
- 기말재공품은 200개(완성도 80%)이다.
- 당기에 발생된 원가는 재료비가 ₩142,500, 가공비가 ₩174,800이다.

➲ 요구사항

(1) 평균법을 이용하여 완성품, 기말재공품, 그리고 공손품의 원가를 산출하시오.

(2) 선입선출법을 이용하여 완성품, 기말재공품, 그리고 공손품의 원가를 산출하시오.

➲ 해 답

(1) 평균법

평 균 법	[제1단계] 물량의 흐름	[제2단계] 완성품 환산량 재료비	가공비		
기초재공품	300(0.6)				
당기착수	1,500				
총투입량	1,800				
당기완성	1,400	1,400	1,400		
정상공손	160	160	112		
비정상공손	40	40	28		
기말재공품	200(0.8)	200	160		
총산출량	1,800	1,800	1,700		
[제3단계] 총원가의 요약				합 계	
기초재공품 원가		₩19,500	₩29,200	₩48,700	
당기발생원가		142,500	174,800	317,300	
합계		₩162,000	₩204,000	₩366,000	
[제4단계] 환산량 단위당 원가					
완성품 환산량		÷ 1,800	÷ 1,700		
환산량 단위당원가		@90	@120	@190	
[제5단계] 원가의 배분					
완성품원가		1,400 × @90 +	1,400 × @120 =	₩294,000	제품원가 처리
정상공손원가		160 × @90 +	112 × @120 =	27,840	
비정상공손원가		40 × @90 +	28 × @120 =	6,960	기간비용 처리
기말재공품원가		200 × @90 +	160 × @120 =	37,200	
합계				₩366,000	

(2) 선입선출법

선입선출법	[제1단계] 물량의 흐름	[제2단계] 완성품 환산량 재료비	가공비		
기초재공품	300(0.6)				
당기착수	1,500				
총투입량	1,800				
기초재공품 완성량	300	0	120		
당기착수 완성량	1,100	1,100	1,100		
정상공손	160	160	112		
비정상공손	40	40	28		
기말재공품	200(0.8)	200	160		
총산출량	1,800	1,500	1,520		
[제3단계] 총원가의 요약				합계	
기초재공품원가		–	–	₩48,700	
당기발생원가		₩142,500	₩174,800	₩317,300	
합계		₩142,500	₩174,800	₩366,000	
[제4단계] 환산량 단위당 원가					
완성품환산량		÷ 1,500	÷ 1,520		
환산량 단위당원가		@95	@115	@210	
[제5단계] 원가의 배분					
완성품원가		₩48,700 + 120 × @115 + 1,100 × @210 =		₩293,500	제품원가 처리
정상공손원가		160 × @95 + 112 × @115 =		28,080	
비정상공손원가		40 × @95 + 28 × @115 =		7,020	기간비용 처리
기말재공품원가		200 × @95 + 160 × @115 =		37,400	
합계				₩366,000	

제3절 정상공손원가의 배부

1 정상공손원가 배부의 필요성

정상공손은 정상품의 생산을 위하여 불가피하게 발생한 공손이므로 정상공손원가는 제품원가를 구성하여야 한다. 그러므로 정상공손원가는 검사시점을 통과한 완성품과 기말재공품에 배분하여야 하는 원가배부의 문제가 발생한다. 일반적으로 정상공손원가는 완성품과 기말재공품의 상대적인 수량을 기준으로 배부하게 되는데[3], 물량흐름에 대한 가정으로 인해 평균법과 선입선출법에 따라 배부금액이 달라진다는 점에 주의하여야 한다. 참고로 비정상공손원가는 기간비용으로 처리하기 때문에 원가배부의 문제가 발생하지 않는다.

정상공손이 존재하는 경우 주의할 점은 다음과 같다.

---

3) 공손의 검사시점에서는 완성품 1단위와 기말재공품 1단위의 완성품환산량이 같기 때문에 정상공손원가를 배분받는 자격에 차이가 전혀 없다. 그러므로 검사시점 이후의 가공여부와 관련있는 완성품환산량을 기준으로 재배분하는 것 보다 물량단위를 기준으로 재배분하는 것이 합리적이다. 즉, 양품을 검사시점까지 도달하도록 하기 위하여 정상공손원가가 발생하였으므로 검사시점에서의 자격(물량단위)으로 재배분하면 된다.

① 배분대상이 되는 정상공손원가를 먼저 계산하여야 한다. 비정상공손원가나 완성품 및 기말재공품원가를 계산하기 전에 정상공손원가를 먼저 구해야 한다. 왜냐하면 정상공손원가를 정상공손이 발생한 이후 시점의 물량에 배분하여야 하므로 배분할 원가를 먼저 결정하여야 한다.

② 검사시점이 2개 이상인 경우의 정상공손원가의 배분은 복잡해진다. 1차 정상공손원가는 1차 검사시점을 통과한 물량을 생산하기 위하여 필수적으로 발생한 원가이므로 1차 검사시점을 통과한 물량에 대하여 배분하여야 한다. 1차 검사시점 통과 후에 비록 2차 검사시점에서 비정상공손이 되었다고 하여도 1차 검사시점에서는 양품이었으므로 배분을 받는데 하등의 차이가 없다. 그러므로 1차 정상공손원가는 1차 검사시점을 통과한 2차 정상공손원가, 2차 비정상공손원가, 기말재공품, 완성품에 배분한다.

③ 원가흐름의 가정 및 기초와 기말재공품이 검사시점을 통과 했는지의 여부에 따라 배분할 정상공손원가와 배분기준이 달라질 수 있으므로 주의를 요한다. 기말재공품이 검사시점을 통과하지 않은 경우 기말재공품에서는 공손이 발생하지 않았으므로 정상공손원가를 전액 완성품에 배분한다(선입선출법과 가중평균법 동일). 반면 기말재공품이 검사시점을 통과한 경우에는 기말재공품에서도 공손이 발생하였으므로 물량기준(완성품환산량기준이 아님)으로 완성품과 기말재공품에 정상공손원가를 배분한다. 정상공손원가의 배분을 간략히 정리하면 [표 6-2]와 같다.

[표 6-2] 정상공손의가의 배분 과정 요약

<table>
<tr><th colspan="2">기말 · 기초재공품의 검사시점 통과여부</th><th>가중평균법</th><th>선입선출법</th></tr>
<tr><td rowspan="2">기 말 재공품이 검사시점 통 과(×)</td><td>기초재공품이 전기에 검사시점 통 과(×)</td><td colspan="2" rowspan="2">기말재공품이 검사시점을 통과하지 않았으므로 완성품만 정상공손원가를 배분받을 자격이 있다. 그러므로 평균법이냐 선입선출법이냐에 관계없이 정상공손원가 전액을 완성품에 배분한다.</td></tr>
<tr><td>기초재공품이 전기에 검사시점 통 과(○)</td></tr>
<tr><td rowspan="2">기 말 재공품이 검사시점 통 과(O)</td><td>기초재공품이 전기에 검사시점 통 과(×)</td><td colspan="2">기초재공품이 전기에 검사시점을 통과하지 않았으므로 기초재공품에는 정상공손원가가 없다. 그러므로 평균법이나 선입선출법이냐에 관계없이 당기 정상공손원가를 완성품수량과 기말재공품수량기준으로 배분한다.</td></tr>
<tr><td>기초재공품이 전기에 검사시점 통 과(○)</td><td>기초정상공손원가와 당기정상공손원가를 합한 총정상공손원가를 완성품수량과 기말재공품 수량을 기준으로 배분한다.</td><td>기초정상공손원가는 완성품에 배분한다. 당기정상공손원가는 당기착수완성품수량과 기말재공품 수량을 기준으로 배분한다.</td></tr>
</table>

2 평균법 적용시 배부 방법

평균법은 기초재공품이 당기에 착수된 것으로 보기 때문에 당기에 착수한 것과 동일하게 취급한다. 기초재공품원가에 정상공손원가가 포함되어 있으면 이를 분리하여 당기에 발생한 정상공손원가와 합하여 재배분한다. 기말재공품의 경우 당기에 검사시점을 통과하였는지를 반드시 파악해야 한다. 만일 기말재공품이 검사시점을 통과하지 않았다면 완성품에만 배부하며, 통과하였다면 기말재공품과 완성품 수량의 비율에 따라 배부하여야 한다. 기말재공품이 검사시점을 통과하였을 경우 정상공손원가는 다음과 같이 배부된다.

$$\text{완 성 품} = \text{정상공손원가} \times \frac{\text{당기 완성품수량}}{\text{당기 완성품수량} + \text{기말재공품수량}}$$

$$\text{기말재공품} = \text{정상공손원가} \times \frac{\text{기말재공품수량}}{\text{당기 완성품수량} + \text{기말재공품수량}}$$

기초재공품이나 기말재공품의 수량은 완성품환산량을 기준으로 하지 않고 완성품과 같이 실제 물량을 기준으로 배부한다.

예제 3 평균법의 정상공손원가 배부

울산기업은 종합원가계산을 적용하고 있는데, 공정시점에서 재료가 투입되고 가공비는 공정의 완성도에 따라 발생한다. 검사는 완성도 70%에서 이루어지며 아래 추가자료를 이용하여 요구사항에 답하시오.

추가자료

- 기초재공품은 300개(완성도 60%)이고 기말재공품은 200개(완성도 80%)
- 당기에 생산착수된 수량은 1,500개, 당기에 완성된 제품은 1,400개
- 평균법에 의한 완성품원가는 ₩294,000, 기말재공품원가는 ₩37,200
- 정상공손원가는 ₩27,840, 비정상공손원가는 ₩6,960

요구사항

정상공손원가를 완성품과 기말재공품에 각각 배부하고 회계처리를 제시하시오.

해 답

(1) 평균법에 의한 정상공손원가의 배부

구분	근 거	배부금액
완 성 품	₩27,800×{1,400÷(1,400+200)}=	₩24,360
기말재공품	₩27,800×{200÷(1,400+200)}=	₩3,480

(2) 회계처리

정 상 품	[차]제 품	294,000	[대]재 공 품	294,000
비정상공손	[차]공손손실	6,960	[대]재 공 품	6,960
정상공손	[차]제 품	24,360	[대]재 공 품	24,360

3 선입선출법 적용시 적용시 배부 방법

선입선출법은 당기 중 발생한 정상공손원가를 당기 중에 검사받은 완성품과 기말재공품에 배분한다.[4] 완성품은 기초재공품을 추가 가공한 것과 당기에 착수한 것이 포함되므로 구분해서 적용한다. 이 때 기초재공품에 포함된 정상공손원가는 당연히 완성품에 포함한다. 선입선출법에서는 기초재공품과 기말재공품이 당기에 검사단계를 통과하였는지의 여부를 파악하여 계산하여야 한다.

기초재공품이 당기에 검사를 받은 경우에는 다음과 같이 계산한다.

$$\text{완 성 품} = \text{정상공손원가} \times \frac{\text{기초재공품완성량} + \text{당기착수 완성품수량}}{\text{기초재공품완성량} + \text{당기착수 완성품수량} + \text{기말재공품수량}}$$

4) 기초재공품이 전기에 검사시점을 통과하지 않은 경우에는 당기 중 검사시점을 통과한 완성품과 완성품 총수량이 같다. 그러나 기초재공품이 전기에 검사시점을 통과한 경우라면 당기 중에 검사를 받지 않았을 것이므로 당기 중 검사시점을 통과한 완성품과 완성품 총수량과는 차이가 있다.

$$\text{기말재공품} = \text{정상공손원가} \times \frac{\text{기말재공품수량}}{\text{기초재공품완성량} + \text{당기착수 완성품수량} + \text{기말재공품수량}}$$

그리고 기초재공품이 당기에 검사를 받지 않은 경우에는 다음과 같이 계산한다.

$$\text{완 성 품} = \text{정상공손원가} \times \frac{\text{당기착수 완성품수량}}{\text{당기착수 완성품수량} + \text{기말재공품수량}}$$

$$\text{기말재공품} = \text{정상공손원가} \times \frac{\text{기말재공품수량}}{\text{당기착수 완성품수량} + \text{기말재공품수량}}$$

예제 4 선입선출법의 정상공손원가 배부

울산기업은 종합원가계산을 적용하고 있는데, 공정시점에서 재료가 투입되고 가공비는 공정의 완성도에 따라 발생한다. 검사는 완성도 70%에서 이루어지며 아래 추가자료를 이용하여 요구사항에 답하시오.

➲ 추가자료

- 기초재공품은 300개(완성도 60%)이고 기말재공품은 200개(완성도 80%)
- 당기에 생산착수된 수량은 1,500개, 당기에 완성된 제품은 1,400개
- 선입선출법에 의한 완성품원가는 ₩293,500, 기말재공품원가는 ₩37,400
- 정상공손원가는 ₩28,080, 비정상공손원가는 ₩7,020

➲ 요구사항

정상공손원가를 완성품과 기말재공품에 각각 배부하고 회계처리를 제시하시오.

➲ 해 답

(1) 선입선출법에 의한 정상공손원가의 배부(기초재공품과 기말재공품이 모두 당기에 검사를 통과)

구분	근 거	배부금액
완 성 품	₩28,080×{(300+1,100)÷(300+1,100+200)}=	₩24,570
기말재공품	₩28,080×{200÷(300+1,100+200)}=	₩3,510

(2) 회계처리

정 상 품	[차]제　　품	293,500	[대]재 공 품	293,500
비정상공손	[차]공손손실	7,020	[대]재 공 품	7,020
정 상 공 손	[차]제　　품	24,570	[대]재 공 품	24,570

4 공손품의 처분가치가 있는 경우

공손품의 처분가치가 있는 경우에는 공손원가에서 공손품의 순실현가치를 차감한 순공손원가를 앞에서 배운 내용처럼 처리하면 된다. 즉, 순정상공손원가는 검사시점을 통과한 완성품과 기말재공품에 배분하고 순비정상공손원가는 영업외비용으로 처리된다. 이때 공손품의 순실현가치는 공손품이라는 재고자산으로 계상된다. 순실현가치는 다음과 같이 구할 수 있다.

순실현가치(NRV) = 총판매가액 − 추가비용 = 공손수량 × (판매단가 − 단위당 추가비용)

문제 1 공손품회계

어람(주)는 제품T를 단일공정에서 연속적으로 생산하고 있다. 제품T에 관한 4월 한 달간 관련 자료는 다음과 같다.

· 원재료는 공정초에 투입되며 가공비는 전공정에 걸쳐서 균등하게 발생된다.
· 공손품검사는 가공비가 75% 투입되었을 때 이루어진다.
· 검사시점을 통과한 정상품(양품)의 10%까지를 정상공손으로 간주한다.
· 기초재공품은 1,500단위이고 가공비 완성도는 60%이다.
· 당기에 투입된 물량은 8,500단위이며, 당기 완성품은 7,000단위이다.
· 기말재공품은 2,000단위이며 가공비 완성도는 80%이다.
· 관련원가는 다음과 같다.

	직접재료비	가공비
기초재공품원가	14,000	5,260
당기투입원가	68,000	84,500

· 이 회사는 정상공손원가를 인식하여 해당 재고자산에 할당하고자 한다.

요구사항

1. 정상공손과 비정상공손은 각각 몇 단위인가?

2. 가중평균법을 사용할 경우 제조원가보고서를 작성하시오.

3. 선입선출법을 사용할 경우 제조원가보고서를 작성하시오.

해답

1.

정상공손수량 (1,500+5,500+2,000) × 10% = 900단위

비정상공손수량 1,000 — 900 = 100단위

2. 가중평균법

물량흐름			완성품 환산량 직접재료비	완성품 환산량 가공비	
기초재공품	1,500	(0.6)			
당기착수량	8,500				
계	10,000				
완성품	7,000		7,000	7,000	
정상공손	900	(0.75)	900	675	
비정상공손	100	(0.75)	100	75	
기말재공품	2,000	(0.8)	2,000	1,600	
계	10,000		10,000	9,350	
			직접재료비	**가 공 비**	**합 계**
기초재공품			₩14,000	₩5,260	₩19,260
당기투입			68,000	84,500	152,500
총투입원가			₩82,000	₩89,760	₩171,760
완성품환산량			÷10,000	÷9,350	
완성품환산량 단위당원가			₩8.2	₩9.6	

정상공손원가		900×₩8.2+675×₩9.6	=	₩13,860
정상공손원가 배분	완성품	$₩13,860 \times \dfrac{7,000}{7,000+2,000}$	=	10,780
	기말재공품	$₩13,860 \times \dfrac{2,000}{7,000+2,000}$	=	3,080
비정상공손원가		100×₩8.2+75×₩9.6	=	1,540
완성품원가		₩10,780+7,000×₩8.2+7,000×₩9.6	=	135,380
기말재공품원가		₩3,080+2,000×₩8.2+1,600×₩9.6	=	34,840
				₩171,760

3. 선입선출법

물량흐름			완성품 환산량 직접재료비	가 공 비	합 계
기초재공품	1,500	(0.6)			
당기착수량	8,500				
계	10,000				
기초완성	1,500		0	600	
당기착수완성	5,500		5,500	5,500	
정상공손	900	(0.75)	900	675	
비정상공손	100	(0.75)	100	75	
기말재공품	2,000	(0.8)	2,000	1,600	
계	10,000		8,500	8,450	
			직접재료비	가 공 비	합 계
기초재공품			₩14,000	₩5,260	19,260
당기투입			68,000	84,500	152,500
총투입원가			₩82,000	₩89,760	₩171,760
총완성품환산량			÷8,500	8,450	
완성품환산량 단위당원가			₩8[1)]	₩10	

1) 선입선출법이므로 68,000÷8,500 = 8

정상공손원가		900×₩8+675×₩10		=	₩13,950
정상공손원가	배분	완성품	$₩13,950 \times \frac{7,000}{7,000+2,000}$	=	10,850
		기말재공품	$₩13,950 \times \frac{2,000}{7,000+2,000}$	=	3,100
비정상공손원가		100×₩8+75×₩10		=	1,550
완성품원가		₩10,850+₩19,260+5,500×₩8+6,100×₩10		=	135,110
기말재공품원가		₩3,100+2,000×₩8+1,600×₩10		=	35,100
					₩171,760

문제 2 정상공손수량과 비정상공손수량

어람(주)는 다음과 같이 두 개의 공정을 통하여 최종제품을 생산하고 있다.
다음은 2003년 1월의 제 2공정 생산관련자료이다.

기 초 재 공 품	2,000단위	(70%)
당 기 착 수 량	10,800단위	
완 성 품	10,000단위	
기 말 재 공 품	1,200단위	(90%)

공정의 특성상 A재료는 공정시점에서, B재료는 공정종점에서 각각 투입되며, 가공비는 공정의 진행에 따라 균일하게 발생된다. 공손의 발생에 대한 검사는 공정의 50%시점에서 실시하고 있으며, 검사시점을 통과한 물량의 10%까지를 정상공손으로 허용하고 있다.

	전공정비	A재료비	B재료비	가공비	정상공손원가
기초재공품원가	₩16,600	₩7,280	—	₩17,160	₩900
당기 투입 원가	124,200	32,400	75,000	172,920	--

요구사항

1. 재공품 평가방법이 선입선출법일 경우 다음 물음에 답하시오.
   (1) 정상공손수량
   (2) 완성품환산량 단위당원가
   (3) 정상공손원가, 비정상공손원가, 완성품원가, 기말재공품원가

2. 재공품 평가방법이 평균법일 경우 다음 물음에 답하시오. 단, 단수발생시에는 소수점 첫째자리에서 반올림하시오.
   (1) 정상공손수량
   (2) 정상공손원가
   (3) 완성품원가

3. 물음 1과 2에서 정상공손수량에 차이가 있는가? 그 이유는?

해답

1.

	물량흐름		완성품환산량			
			전공정비	A재료비	B재료비	가공비
기초재공품	2,000	(0.7)				
당기착수량	10,800					
계	12,800					
기초완성	2,000		-	-	2,000	600
당기착수완성	8,000		8,000	8,000	8,000	8,000
정상공손	920	(0.5)	920[1)]	920	-	460
비정상공손	680	(0.5)	680	680	-	340
기말재공품	1,200	(0.9)	1,200	1,200	-	1,080
계	12,800		10,800	10,800	10,000	10,480
			전공정비	A	B	가공비
기 초 재공품원가			₩16,600	₩7,280	-	₩17,160
당기투입원가			₩124,200	₩32,400	₩75,000	₩172,920
			₩140,800	₩39,680	₩75,000	₩190,080
			÷10,800	÷10,800	÷10,000	÷10,480
완성품환산량 단위당원가			₩11.5	₩3	₩7.5	₩16.5

(1) 정상공손수량 = (8,000 + 1,200) × 10% = 920단위

• 기초재공품은 전기에 검사를 받았으므로 포함하지 않는다.

(2) 완성품환산량 단위당원가

전공정비	A	B	가공비
₩11.5	₩3	₩7.5	₩16.5

(3) ① 정상공손원가 = 920×₩11.5+920×₩3+460×₩16.5 = ₩20,930

· 정상공손원가의 재배부

완성품 = 20,930× $\frac{8,000}{8,000+1,200}$ = 18,200

기말재공품 = 20,930× $\frac{1,200}{8,000+1,200}$ = 2,730

② 비정상공손원가 = 680×₩11.5+680×₩3+340×₩16.5 = ₩15,470

③ 완성품원가 = ₩18,200+₩41,940+8,000×₩11.5+8,000×₩3

+10,000×₩7.5+8,600×₩16.5 = ₩393,040

④ 기말재공품원가 = ₩2,730+1,200×₩11.5+1,200×₩3+1,080×₩16.5 = ₩37,950

2.

	물량흐름		완성품환산량			
			전공정비	A재료비	B재료비	가공비
기초재공품	2,000	(0.7)				
당기착수량	10,800					
계	12,800					
완성품	10,000		10,000	10,000	10,000	10,000
정상공손	920	(0.5)	920	920	-	460
비정상공손	680	(0.5)	680	680	-	340
기말재공품	1,200	(0.9)	1,200	1,200	-	1,080
계	12,800		12,800	12,800	10,000	11,880
기초재공품원가			₩16,600	₩7,280	-	₩17,160
당기투입원가			₩124,200	₩32,400	₩75,000	₩172,920
계			₩140,800	₩39,680	₩75,000	₩190,080
			÷12,800	÷12,800	÷10,000	÷11,880
완성품환산량 단위당원가			₩11	₩3.1	₩7.5	₩16

(1) 정상공손수량 = (8,000+1,200)×10% = 920단위

(2) 정상공손원가 = ₩900+920×₩11+920×₩3.1+460×₩16 = ₩21,232

정상공손원가의 재배부

$$완\ 성\ 품 = 21,232 \times \frac{10,000}{10,000 + 1,200} = 18,957$$

$$기말재공품 = 21,232 \times \frac{1,200}{10,000 + 1,200} = 2,275$$

(3) 완성품원가 = ₩18,957 + 10,000×(₩11 + 3.1 + 7.5 + 16) = ₩394,957

3. 선입선출법과 가중평균법의 정상공손수량의 차이는 없다. 왜냐하면 정상공손수량은 원가흐름의 가정과 관계없이 실제물량흐름에 의하여 결정되기 때문이다. 즉, 원가흐름의 가정은 실제물량의 흐름뒤에 파악되어야할 사항이기 때문이다.

문제 3 비정상공손원가 : 기말재공품이 두 종류 있는 경우

어람(주)는 단일제품을 시장생산하고 있으며, 선입선출법에 의한 종합원가계산제도를 실시하고 있다. 이 제품의 생산과정에서 두 가지 원재료가 투입되는데 원재료A는 가공비완성도 25%시점에서 공정에 투입되고, 원재료B는 75%시점에서 공정에 투입된다. 제품에 대한 검사는 원재료B 투입직전에 실시하고, 검사를 통과한 합격품에만 원재료B가 투입된다. 그리고 정상공손은 검사를 통과한 합격품의 2%이다. 한편, 가공비는 전공정을 통하여 균등하게 발생한다. 20×3년 8월의 제품과 관련된 사항은 다음과 같다.

· 기초재공품수량은 2,500단위이고, 가공비완성도는 40%이다.
· 기말재공품의 완성도는 900단위는 10%, 1,000단위는 80%이다.
· 당기에 착수된 수량은 3,520단위이며, 완성된 수량은 4,000단위이다.
· 8월에 발생한 원가는 다음과 같다.

원재료A	₩524,000
원재료B	415,000
가공비	1,194,000
기초재공품원가	677,000

요구사항

다음 금액을 구하시오. 단, 단수 발생시에는 소수점 첫째자리에서 반올림하시오.

1. 비정상공손원가는 얼마인가? 단, 단수 발생시에는 소수점 첫째자리에서 반올림하시오.

2. 완성품원가는 얼마인가? 단, 단수 발생시에는 소수점 첫째자리에서 반올림하시오.

3. 기말재공품원가는 얼마인가? 단, 단수 발생시에는 소수점 첫째자리에서 반올림하시오.

해답

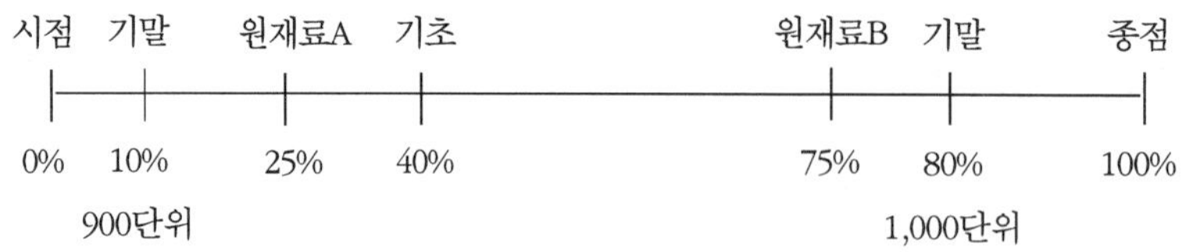

물량흐름					
기초재공품	(0.4)	2,500	완성품		4,000
당월투입		3,520	정상공손	(0.75)	100[1]
			비정상공손	(0.75)	20
			기말재공품	(0.1)	900
				(0.8)	1,000
		6,020			6,020

• 기초재공품이 검사시점을 통과하지 않았으므로 완성품은 모두 당기에 검사시점을 통과하였고, 기말재공품 중에서는 1,000단위만 검사시점을 통과함.

1) 정상공손수량 = (4,000 + 1,000)×0.02 = 100단위

완성품환산량

	물량의 흐름		완성품환산량		
			원재료A	원재료B	가공비
기초재공품	2,500	(0.4)			
당기착수량	3,520				
계	6,020				
기초완성	2,500		0	2,500	1,500
당기착수완성	1,500		1,500	1,500	1,500
정상공손	100	(0.75)	100	-	75
비정상공손	20	(0.75)	20	-	15
기말재공품	900	(0.10)	-	-	90
기말재공품	1,000	(0.80)	1,000	1,000	800
계	6,020		2,620	5,000	3,980

완성품환산량 단위당원가

당월투입원가	₩524,000	₩415,000	₩1,194,000
완성품환산량 단위당원가	₩200	₩83	₩300

1. (1) 정상공손원가 = ₩200×100＋₩300×75 = ₩42,500

정상원가의 배분

$$\text{완성품} = ₩42{,}500 \times \frac{4{,}000}{4{,}000+1{,}000} = ₩34{,}000$$

$$\text{기말재공품} = ₩42{,}500 \times \frac{1{,}000}{4{,}000+1{,}000} = ₩8{,}500$$

(2) 비정상공손원가 = ₩200×20＋₩300×15 = ₩8,500

2. 완성품

₩34,000＋₩677,000＋1,500×₩200＋4,000×₩83＋3,000×₩300 = ₩2,243,000

3. 기말재공품

₩8,500＋1,000×₩200＋1,000×₩83＋890×₩300 = ₩558,500

문제 4 검사시점이 2개인 경우의 공손

서강(주)의 20×1년 10월 생산에 관련된 자료는 다음과 같다.

기초재공품	800개 (완성도 60%)
당기착수	5,200개
완성품	5,000개
1차공손	300개
2차공손	200개
기말재공품	500개 (완성도 40%)

재료A는 공정초기에 투입, 재료B는(BIO칩)은 75%시점에서 투입, 가공비는 공정전반에 걸쳐 발생하고, 1차 검사시점은 공정의 50%시점이고, 2차 검사시점은 공정의 100%시점에서 이루어진다. 정상공손수량은 검사시점을 통과한 양품의 1차는 5%, 2차는 2%(통과수량의)이다.
20×3년 10월의 각 원가요소별 원가자료는 다음과 같다.

	재료A	재료B	가공비	정상공손원가
기초재공품원가	₩35,000	0	₩27,400	₩7,000
당기투입원가	208,000	156,000	354,900	

당사는 원가계산방법으로 선입선출법을 사용하고 있으며, 공손품의 처분가치는 없는 것으로 간주한다.

요구사항

1. 정상공손수량을 구하시오.

2. 원가요인별로 완성품환산량을 계산하시오.

3. 제품으로 대체될 원가를 구하시오(공손품원가 배분후)

해답

•공정흐름

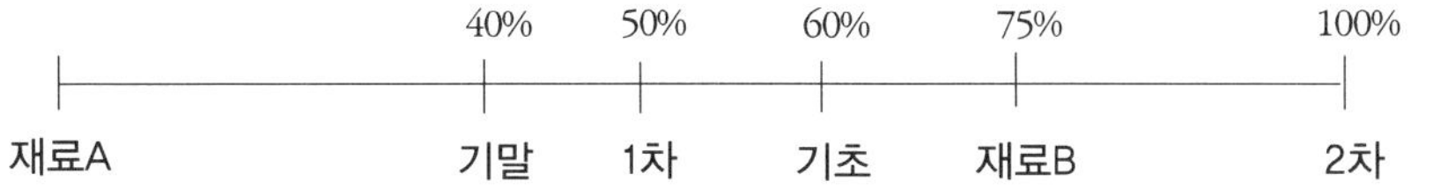

1. 정상공손수량

1차 검사시점($I \cdot P_1$) : (4,200+200)×5% = 220개

2차 검사시점($I \cdot P_2$) : (800+4,200)×2% = 100개

2.

		물량의 흐름		당기완성품 환산량 재료A	재료B	가공비
기초완성		800	(0.6)	0	800	320
당기착수완성		4,200		4,200	4,200	4,200
1차공손	정상공손	220	(0.5)	220	-	110
	비정상공손	80	(0.5)	80	-	40
2차공손	정상공손	100	(1.0)	100	100	100
	비정상공손	100	(1.0)	100	100	100
기말재공품		500	(0.4)	500	-	200
완성품환산량				5,200	5,200	5,070

3. 완성품원가

(1) 완성품환산량 단위당원가

재료 A : ₩208,000÷5,200 = ₩40

재료 B : ₩156,000÷5,200 = ₩30

가공비 : ₩354,900÷5,070 = ₩70

(2) 완성품원가

① 1차 정상공손원가

220×₩40+110×₩70 = ₩16,500

1차 정상공손원가 배분

$$\text{완성품 :}\quad ₩16,500 \times \frac{4,200}{4,200+100+100} = ₩15,750$$

$$\text{2차 정상공손 :}\quad ₩16,500 \times \frac{100}{4,200+100+100} = ₩375$$

$$\text{2차 비정상공손 :}\quad ₩16,500 \times \frac{100}{4,200+100+100} = ₩375$$

② 2차 정상공손원가

₩375＋100×₩40＋100×₩30＋100×₩70 = ₩14,375

③ 완성품원가

• 정상공손원가 배분전 :

₩69,400＋4,200×₩40＋5,000×₩30＋4,520×₩70 = ₩703,800

• 정상공손원가 배분후 :

₩703,800＋₩15,750＋₩14,375 = ₩733,925

Chapter 7 결합원가계산

제1절 결합원가계산의 개요

1 결합제품의 의의

동일한 원재료를 투입하여 동일한 제조공정을 통하여 가공이 된 후에 일정시점에서 동시에 생산되는 서로 다른 종류의 제품을 결합제품이라 한다. 여기서 동일한 원재료를 동일한 제조공정을 통하여 가공하면서 발생하는 원가를 결합원가라 하고, 서로 다른 종류의 제품을 개별적으로 식별 가능한 일정시점을 분리점이라 한다. 결합원가계산이란 결합원가를 결합제품에 어떤 방법으로 배분할 것인가를 결정하고 그에 따라 결합제품 각각에 대하여 제품원가를 결정하는 것이다. 결합원가계산과 관련된 물량흐름을 그림으로 나타내면 그림 [7-1]과 같다.

[그림 7-1] 물량흐름도

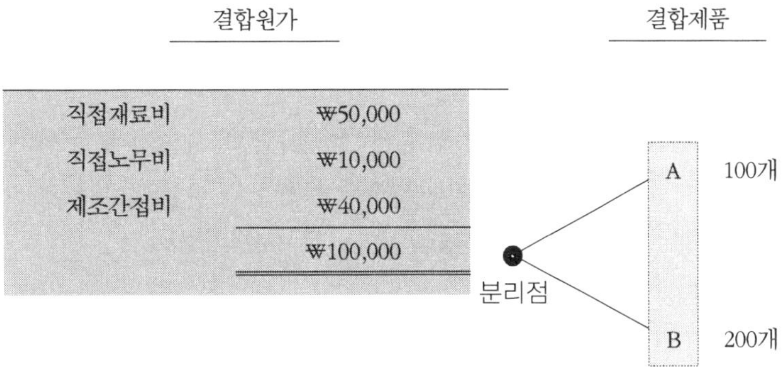

예를 들어 설명하면 결합원가 ₩100,000을 투입하여 결합제품 A와 B를 각각 100개, 200개 생산한 경우 ₩100,000을 제품 A와 B에 어떻게 배분할 것인가를 결정하는 것이 결합원가계산이다. 결합원가계산은 동일한 원재료가 중심이 되는 정유산업, 낙농업, 화학공업, 육류가공업 등에 적용된다. 예를 들면 원유를 투입하여 일정한 제조공정을 통하여 가공을 하게 되면 휘발유, 등유, 경유, 중유 등이 생산된다. 이때 이들 각 제품의 원가를 결정하는 것이 결합원가계산의 핵심이 된다.

2 결합원가 배분의 목적

결합원가는 개별적으로 제품을 식별하기 이전까지 즉, 분리점까지 발생한 원가이므로 개별 제품과 특별한 상관관계를 찾기가 어렵다. 그러나 결합원가는 결합제품을 생산하기 위하여 발생한 원가이므로 당연히 결합제품의 원가에 포함되어야 한다. 따라서 결합원가를 합리적인 기준에 따라 결합제품에 배분하면 다음과 같은 목적을 달성할 수 있다.

① 적정한 원가계산을 하여 기말재고자산과 매출원가를 올바르게 결정한다.
② 이에 기초하여 성과평가를 올바르게 할 수 있다.
③ 가격결정의 기초 자료로 사용할 수 있다.

관련 용어의 정의는 다음과 같다.

- 연산품(major products) : 결합제품 중에서 상대적으로 판매가치가 큰 제품(주산품)
- 부산물(by-products) : 결합제품 중에서 상대적인 판매가치가 적은 제품
- 분리점(split-off point) : 결합생산공정에서 결합제품이 개별적으로 식별될 수 있는 일정시점
- 결합원가(joint cost) : 분리점에 도달하기까지 결합제품을 생산하는 과정에서 발생한 모든 제조원가
- 추가가공원가(=분리원가) : 분리점 이후에 추가가공과 관련하여 발생하는 원가로서 개별제품과 직접적으로 관련해서 발생하기 때문에 원가발생액을 각 제품별로 추적

[그림 7-2] 결합제품과 결합원가 예시

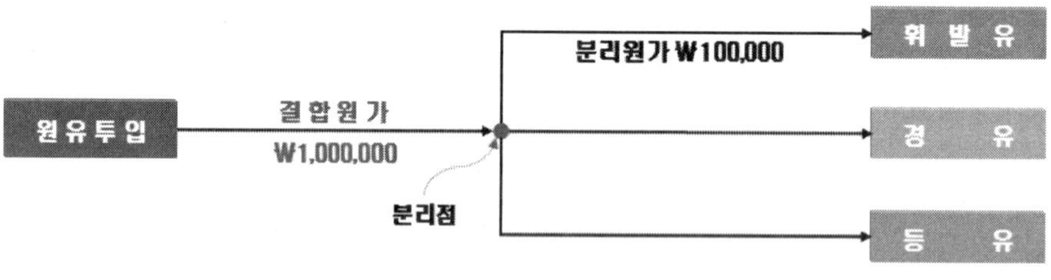

제2절 결합원가의 배부방법

결합제품의 원가계산을 위해서는 결합원가를 각 결합제품에 적절히 배분하여야 한다. 결합원가를 각 결합제품에 배분하는 방법에는 물량기준법, 분리점에서의 판매가치법, 순실현가치법, 균등이익률법 등이 있다. 결합원가계산의 특성상 분리점 이전에는 개별제품을 전혀 식별할 수 없기 때문에 결합원가와 결합제품의 인과관계를 파악할 수 없으며 합리적인 배부기준을 정하기도 어렵다. 따라서 결합원가의 배부는 임의적인 성격이 강하며 어떻게 배부해도 정확한 원가계산이 되지는 못한다.

[표 7-1] 결합원가의 배부방법

분리점에서 즉시 판매되는 경우	분리점 이후 추가가공하여 판매되는 경우
물 량 기 준 법	순 실 현 가 치 법
상 대 적 판 매 가 치 법	균 등 이 익 률 법

1 물량기준법과 상대적판매가치법

1) 물량기준법

물량기준법은 물리적 단위법이라고도 하는데 그 명칭과 같이 물리적 특성인 수량, 중량, 크기 등을 기준으로 해서 결합원가를 배분하는 방법이다. 이 방법은 결합원가와 배부기준이 되는 물량 단위간의 밀접한 상관관계가 존재할 때 활용하며, 물리적 단위가 큰 제품이 결합원가로부터 많은 혜택을 받았다고 가정한다(수혜기준). 물량기준법에 따라 결합원가를 배분하면 결합제품의 단위당 원가가 동일해진다는 특징이 있다. 물량기준법은 계산이 간단하다는 장점이 있는 반면, 물량기준법에서 사용되는 물리적 속성은 개별제품의 수익창출능력과 관계가 없기 때문에 판매가치와 관계없이 물량이 많은 결합제품에 상대적으로 많은 원가를 부담시켜 물리적 기준과 판매가치가 밀접한 관계가 없는 경우에는 원가가 왜곡될 수 있다는 단점이 있다.

예제 1 물량기준법에 의한 결합원가의 배부

울산기업은 연산품 A를 100개, B를 150개 생산하였다. 결합원가는 ₩195,000이며, 분리점에서 A제품과 B제품의 단위당 판매가치는 각각 ₩2,000, ₩3,000이다. 물량기준법에 따라 결합원가를 배부하시오.

➲ 해 답

제 품	생산수량	배부율	결합원가 배부액	단위당 제조원가
A	100개	40%	₩78,000	₩780
B	150개	60%	117,000	780
합 계	250개	100%	₩195,000	

2) 상대적판매가치법

상대적판매가치법은 분리점에서의 상대적인 판매가치를 기준으로 결합원가를 배분하는 방법이다. 이 방법은 판매가치가 높은 제품에 많은 원가를 부담시켜야 한다는 것을 가정하고 있다(원가부담 능력기준). 상대적 판매가치법에 의해 결합원가를 배부하면 분리점에서 개별 제품의 매출총이익률이 동일해진다는 특징이 있다. 이 방법은 판매가치가 높은 제품에 원가를 많이 배부하고 낮은 제품에는 원가를 낮게 배부함으로써 수익과 비용이 적절히 대응된다는 장점이 있다. 그러나 분리점에서 판매가치를 알 수 없는 경우에는 적용할 수 없다는 단점이 있다.

예제 2 상대적판매가치법에 의한 결합원가의 배부

울산기업은 연산품 A를 100개, B를 150개 생산하였다. 결합원가는 ₩195,000이며, 분리점에서 A제품과 B제품의 단위당 판매가치는 각각 ₩2,000, ₩3,000이다. 상대적판매가치법에 따라 결합원가를 배부하시오.

➲ 해 답

제 품	생산수량	판매가격	분리점의 판매가치	결합원가 배부액	단위당 제조원가
A	100개	₩2,000	₩200,000	₩60,000	₩600
B	150개	3,000	450,000	135,000	900
합 계	250개		₩650,000	₩195,000	

참고로 물량기준법과 상대적판매가치법에 의한 제품별 손익계산서를 작성해 보면 다음과 같다. 물량기준법 적용시 A, B 두 제품의 단위당 원가는 ₩780으로 동일하다. 그리고 상대적 판매가치법 적용시 두 제품의 매출총이익률이 모두 70%로 동일하다.

물량기준법에 의한 제품별 손익계산서			
	제 품 A	제 품 B	합 계
판 매 량	100개	150개	250개
매 출	₩200,000	₩450,000	₩650,000
매 출 원 가	78,000	117,000	195,000
매 출 총 이 익	₩122,000	₩330,000	₩455,000
매출총이익률	61%	74%	70%

상대적 판매가치법에 의한 제품별 손익계산서			
판 매 량	100개	150개	250개
매 출	₩200,000	₩450,000	₩650,000
매 출 원 가	60,000	135,000	195,000
매 출 총 이 익	₩140,000	₩315,000	₩455,000
매출총이익률	70%	70%	70%

2 순실현가치법과 균등이익률법

1) 순실현가치법

순실현가치법은 각 제품의 상대적인 추정순실현가치를 기준으로 결합원가를 배분하는 방법이다. 추정순실현가치는 제품의 최종판매가격에서 추가원가와 판매비용을 차감하여 계산한다. 순실현가치법은 원가부담능력에 따라 결합원가를 배분한다. 따라서 순실현가치가 부(-)인 경우에는 원가부담능력이 없으므로 결합원가를 배분하지 않는다. 즉, 순실현가치가 부(-)인 제품은 없는 것으로 보고 나머지 제품의 순실현가치를 기준으로 결합원가를 배분한다.

순실현가치법은 연산품의 수익성을 고려하여 결합원가를 배분하고, 분리점에서 판매가치를 알 수 없는 경우에도 적용할 수 있다는 장점이 있다. 반면 결합원가만이 이익을 창출하고 분리점 이후에 발생하는 추가가공으로 인한 부가가치는 없다는 모순이 있다. 그리고 원가에 이익을 가산하여 판매가격을 결정하는 방식에는 적용하기가 곤란하다는 단점이 있다.

예제 3 순실현가치법에 의한 결합원가의 배부

울산기업은 연산품 A를 100개, B를 150개 생산하였다. 결합원가는 ₩195,000이며, 분리점에서 A제품과 B제품의 단위당 판매가치는 각각 ₩2,000, ₩3,000이다. 추가자료를 이용하여 순실현가치법에 따라 결합원가를 배부하시오.

추가자료

- A제품을 완성하기 위해서는 총 ₩50,000의 추가가공비와 ₩10,000의 판매비가 발생한다.
- B제품을 완성하기 위해서는 총 ₩80,000의 추가가공비와 ₩10,000의 판매비가 추가적으로 발생한다.

해 답

(1) 물량흐름도

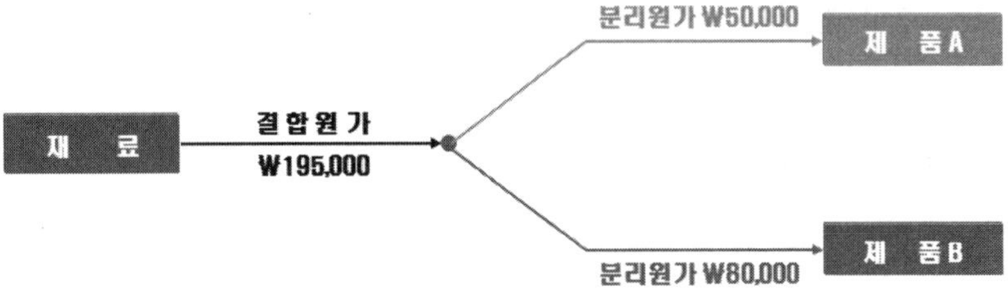

(2) 결합원가의 배부

제 품	생산수량	판매가격	최종 판매가치	추가비용	순실현가치	배부율	배부액
A	100개	₩2,000	₩200,000	₩60,000	₩140,000	28%	₩54,600
B	150개	3,000	450,000	90,000	360,000	72%	140,400
합 계	250개		₩650,000	₩150,000	₩500,000	100%	₩195,000

2) 균등이익률법

균등이익률법은 동일한 제조공정에서 생산된 각 제품의 매출총이익률이 모두 동일(균등)하도록 결합원가를 배분하는 방법이다. 따라서 전체 제품의 매출총이익률을 먼저 산정한 뒤에 개별제품의 매출총이익률이 전체 제품의 매출총이익률과 동일하도록 매출원가를 결정하고 이 매출원가가 되도록 결합원가를 배분한다. 이 방법은 매출총이익률을 동일하게 산정하는 경우 부(−)의 결합원가가 배분될 수도 있다는 단점이 있다.

균등이익률법은 우선 전체 매출총이익률을 계산한 다음 각 제품이 부담해야 할 총원가(제품별 매출액 - 매출총이익)를 계산한다. 이를 바탕으로 각 제품별로 결합원가를 배부한다. 결합원가 배부액은 (총원가 - 추가가공비)로 계산한다.

예제 4 균등이익률법에 의한 결합원가의 배부

울산기업은 연산품 A를 100개, B를 150개 생산하였다. 결합원가는 ₩195,000이며, 분리점에서 A제품과 B제품의 단위당 판매가치는 각각 ₩2,000, ₩3,000이다. 추가자료를 이용하여 균등이익률법에 따라 결합원가를 배부하시오.

추가자료

- A제품을 완성하기 위해서는 총 ₩50,000의 추가가공비와 ₩10,000의 판매비가 발생한다.
- B제품을 완성하기 위해서는 총 ₩80,000의 추가가공비와 ₩10,000의 판매비가 추가적으로 발생한다.

해 답

(1) 결합제품의 매출총이익률 계산

구분	제품 A	제품 B	합 계
매 출 액	100개×₩2,000=₩200,000	150개×₩3,000=₩450,000	₩650,000
결 합 원 가			195,000
추가가공비	₩50,000	₩80,000	130,000
매충총이익			₩325,000

매출총이익률 = ₩325,000 ÷ ₩650,000 = 50%

(2) 균등이익률법에 의한 결합원가 배부

제품	매출액	매출총이익률	매출총이익	매출원가	추가가공비	결합원가 배부액
A	₩200,000	50%	₩100,000	₩100,000	₩50,000	₩50,000
B	450,000		225,000	225,000	80,000	145,000
합계	₩650,000		₩325,000	₩325,000	₩130,000	₩195,000

참고로 물량기준법과 상대적 판매가치법에 의한 제품별 손익계산서를 작성해 보면 다음과 같다.

순실현가치법에 의한 제품별 손익계산서			
	제 품 A	제 품 B	합 계
판 매 량	100개	150개	250개
매 출	₩200,000	₩450,000	₩650,000
매 출 원 가	104,600	220,400	325,000
매 출 총 이 익	₩95,400	₩229,600	₩455,000
매출총이익률	47.7%	51%	50%

균등이익률법에 의한 제품별 손익계산서			
판 매 량	100개	150개	250개
매 출	₩200,000	₩450,000	₩650,000
매 출 원 가	100,000	225,000	325,000
매 출 총 이 익	₩100,000	₩225,000	₩325,000
매출총이익률	50%	50%	50%

3 복수분리점의 결합원가 배부

복수분리점은 결합제품을 생산하는 과정에서 분리점이 2개 이상인 경우를 말한다. 원가계산이 보다 복잡해지긴 하지만 기본 원리는 분리점이 1개일 때와 동일하다. 복수의 분리점이 존재하는 경우 결합원가 배부 절차는 다음과 같다.

1) 정확한 물량흐름도의 파악 : 물량과 관련원가 및 판매가치를 표시한 물량흐름도를 작성하여 정확한 물량흐름을 파악하여야 한다.
2) 결합원가 배부비율 계산 : 마지막 분리점부터 물량흐름과 역순으로 순실현가치를 계산해서 각 분리점별로 결합원가를 배부하는 비율을 계산한다.

3) 결합원가의 배부 : 첫 번째 분리점부터 순차적으로 결합원가를 배부한다. 두 번째 분리점부터는 앞의 분리점에서 배부된 결합원가에 추가발생 결합원가를 합해서 배부한다.

예제 5　복수분리점 존재시 결합원가의 배부

울산기업은 연산품 A를 100개, B를 150개 생산하였다. 결합원가는 ₩195,000이며, A제품을 완성하기 위해서는 총 ₩50,000의 추가가공비가 발생하고 B제품을 완성하기 위해서는 총 ₩80,000의 추가가공비가 발생한다. B제품은 추가가공하면 연산품 C와 D를 각각 70개와 80개를 생산할 수 있는데, 이 때 각각 ₩36,200, ₩63,800의 추가가공비가 발생한다. A제품의 최종 판매가치는 총 ₩200,000이며, C제품과 D제품의 최종 판매가치는 각각 ₩280,000과 ₩350,000이다. 순실현가치법으로 결합원가를 각 제품에 배부하시오.

➲ 해 답

(1) 물량흐름도

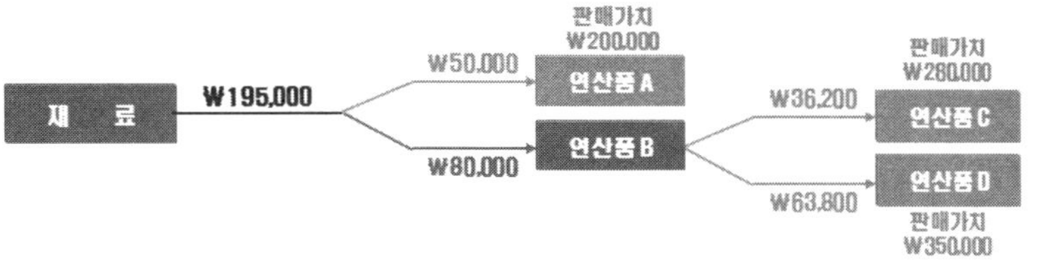

(2) 두 번째 분리점의 배부율

제 품	최종 판매가치	추가비용	순실현가치	배부율
C	₩280,000	₩36,200	₩243,800	46%
D	350,000	63,800	286,200	54%
합 계	₩630,000	₩100,000	₩530,000	100%

(3) 첫 번째 분리점의 배부율

제 품	최종 판매가치	추가비용	순실현가치	배부율
A	₩200,000	₩50,000	₩150,000	25%
B	530,000	80,000	450,000	75%
합 계	₩730,000	₩130,000	₩600,000	100%

(4-1) 결합원가의 배부(첫 번째 분리점의 결합원가 배부)

제 품	결합원가	배부율	결합원가 배부액
A	₩195,000	25%	₩48,750
B		75%	146,250
합 계		100%	₩195,000

(4-2) 결합원가의 배부(두 번째 분리점의 결합원가 배부)

- 두 번째 분리점에서 배부되어야 할 결합원가: ₩80,000 + ₩146,250 =226,250

제 품	결합원가	배부율	결합원가 배부액
A	₩226,250	46%	₩104,075
B		54%	122,175
합 계		100%	₩226,250

4 결합제품의 추가가공 의사결정

어떤 결합제품을 분리점에서 판매할 것인가, 아니면 분리점 이후에 추가가공해서 판매할 것인가에 관한 의사결정이 필요한 경우가 있다. 이 때 추가가공 여부는 이미 결합제품을 분리점까지 가공한 후에 결정된다. 따라서 이전에 발생된 결합원가는 그 금액이 크더라도 추가가공에 관한 의사결정에 영향을 미치지는 못한다. 그리고 추가가공 여부의 결정은 증분수익과 증분원가에 관한 정보를 토대로 결정하는 것이 편리하다.

예제 6 복수분리점 존재시 결합원가의 배부

울산기업은 결합원가 ₩100,000을 투입해서 3가지 제품 A, B, C를 생산하고 있다. 지난달 각 제품별 생산량 단위당 판매가격, 추가가공비에 관한 자료가 다음과 같을 때 결합원가를 1) 물량기준법 2) 균등이익률법을 사용하여 결합제품에 배부하면 다음과 같다.

• 추가가공비 자료

제 품	생산량	판매단가[리터당]	추가가공비
A	6,000	₩15	₩30,000
B	3,000	20	9,000
C	1,000	50	11,000
합 계	10,000		₩50,000

(1) 물량기준법

제품	생산량	비 율	결합원가 배부액	배부액
A	6,000	60%	₩100,000	₩30,000
B	3,000	30%		9,000
C	1,000	10%		11,000
합 계	10,000	100%		₩50,000

(2) 균등이익률법

제품	판매가격	원가율	원가	추가가공비	배부액
A	₩90,000	75%	₩67,500	₩30,000	₩37,500
B	60,000		45,000	9,000	36,000
C	50,000		37,500	11,000	26,500
합 계	₩200,000		₩150,000	₩50,000	₩100,000

➲ 요구사항

A제품은 추가가공하지 않고도 판매할 수 있다. 이 때 리터당 판매가격은 ₩11이며, 물론 추가가공비는 발생하지 않는다. A제품을 추가가공하여야 하는가?

➲ 해 답

추가가공하지 않는 것이 이익이다.

- 추가가공시 증분수익 : (₩15 - ₩11) × 6,000 = ₩24,000
- 추가가공시 증분비용 : 추가가공비 30,000
- 추가가공시 증분이익 : (6,000)

제3절 부산물의 회계처리

동일한 제조과정을 통하여 생산된 결합제품 중에서 상대적인 판매가치가 큰 것을 연산품 또는 주산품(main product)이라 하고 상대적인 판매가치가 적은 것을 부산물

(by-product)이라 한다. 기업의 생산공정은 부산물을 목적으로 해서 가동하지는 않지만 판매가치를 지닌다는 점에서 스크랩과 차이가 있다. 스크랩(scrap)은 생산공정에서 사용되는 원재료에서 나온 자투리 조각을 의미하는데 판매가치가 없거나 처분시 오히려 비용이 수반돼 작업폐물이라고도 한다. 부산물의 회계처리방법은 다양하지만 널리 쓰이는 방법은 두 가지로 나눌 수 있는데 하나는 판매시점의 잡수익법이고 다른 하나는 생산시점의 순실현가치법이다.

1) 판매시점에서의 잡수익법

판매시점에서의 잡수익법(miscellaneous income approach)은 부산물의 가치가 불확실하거나 가치가 아주 작아서 재고자산이나 이익에 미치는 영향이 미미한 경우에 사용한다. 즉, 이 방법은 생산시점에서는 부산물의 존재를 전혀 인정하지 않고 있다가 부산물이 판매될 때 판매수익을 잡수익으로 처리한다. 따라서 이 방법에서는 모든 결합원가는 주산품에 배부된다.

판매시점에서의 잡수익법에서는 부산물의 생산시 부산물 생산에 대한 회계처리는 하지 않고 모든 결합원가는 주산품에만 배부된다. 만약 부산물의 처분비용이 있으면 판매가치에서 처분비용을 차감한 순수익을 잡수익으로 인식한다. 부산물 생산시와 판매시의 회계처리는 다음과 같다.

부산물 생산시	회계처리 없음			
부산물 판매시	[차]현금(매출채권)	×××	[대]잡 이 익	×××

2) 생산시점의 순실현가치법

생산시점의 순실현가치법(net realizable value approach)은 부산물의 가치가 중요성이 있어서 재고자산이나 이익에 상당한 영향을 미치는 경우에 사용한다. 즉, 이 방법은 결합원가 중에서 부산물의 순실현가치에 해당하는 부분은 부산물에 배분하고 나머지 부분을 주산물에 배분한다. 따라서 이 방법에서는 생산시점에서 부산물의 존재를 인정하여 그 순실현가치만큼을 부산물재고로 기록되었다가 판매시 비용처리 한다.

순실현가치법에서 부산물의 생산시 분리점에서 부산물의 순실현가치만큼 부산물에 배분된다. 따라서 주산품에 배분되는 결합원가는 그 만큼 줄어든다. 그리고 부산물의 판매시 재고자산으로 계상되어 있는 부산물을 대기하고 처분가액을 차기한다. 단, 순처분가액이 생산시점에서 예상한 순실현가치와 다른 경우에는(차변과 대변이 일치하지 않을 때) 처분손익을 인식한다.

부산물 생산시	[차]부 산 물	×××	[대]재 공 품	×××
부산물 판매시	[차]현금(매출채권)	×××	[대]부 산 물	×××

예제 7 복수분리점 존재시 결합원가의 배부

울산기업은 정화(주)는 20×4년 7월 동안 원재료 100리터를 가공하여 화학제품A 40리터, 화학제품B 50리터, 그리고 화학제품C 10리터를 생산하였다. 결합원가는 ₩10,000이며, 제품A, B, C의 리터당 판매가격은 각각 ₩200, ₩240, ₩50이다. 제품C가 부산물인 것으로 가정할 때 1) 판매시점의 잡수익법 2) 생산시점의 순실현가치법에 의하여 결합원가를 배분하고 부산물 생산시점과 판매시점의 회계처리를 제시하시오. 단, 이 회사는 순실현가치를 기준으로 결합원가를 배분한다.

➲ 해 답

NRV A	=	40 × ₩200	=	₩8,000
NRV B	=	50 × ₩240	=	₩12,000
NRV C	=	10 × ₩50	=	₩500

(1) 판매시점의 잡수익법

$$A\quad ₩10,000 \times \frac{8,000}{8,000+12,000} = ₩4,000$$

$$B\quad ₩10,000 \times \frac{12,000}{8,000+12,000} = ₩6,000$$

(차) 제 품 A	4,000	(대) 재공품	10,000
제 품 B	6,000		
(차) 현 금	500	(대) 잡수익	500

(2) 생산시점의 순실현가치법

C　₩500

A　$(₩10,000-₩500) \times \dfrac{8,000}{8,000+12,000} = ₩3,800$

B　$(₩10,000-₩500) \times \dfrac{12,000}{8,000+12,000} = ₩5,700$

(차) 제품A	3,800	(대) 재공품	10,000
제품B	5,700		
부산물	500		
(차) 현　금	500	(대) 부산물	500

문제 1 분리점이 복수인 경우의 결합원가계산

(주)대한은 결합원가 ₩40,000을 제1공정에 투입하여 최종제품A 250개와 중간제품B 640개를 생산하였다. 제2공정에서는 중간제품B에 ₩50,000의 추가가공비를 투입하여 최종제품 P, Q를 생산한 후 외부에 판매하고 있다. 공손이나 감손은 발생하지 않고 당기에 최초로 사업을 개시하였다. 당기의 생산 및 판매와 관련된 자료는 다음과 같다.

제 품	생산량	판매량	단위당 판매가격	추가가공원가
A	250개	200개	₩400	₩50,000
P	240개	190개	500	60,000
Q	400개	300개	250	60,000
합 계	890개	690개		170,000

요구사항

1. 순실현가치법을 적용할 경우 다음을 구하시오.
   ① 각 제품에 배분할 결합원가
   ② 단위당 원가
   ③ 기말재고액
   ④ 각 제품의 매출총이익률

2. 균등이익률법을 적용할 경우 물음1에 답하시오.

3. 제품 A, P, Q는 최종 생산완료되기 전에는 판매할 수 없다고 가정한다. 만약 제품 P의 단위당 판매가격이 ₩100으로 떨어진다면 제품별 추가가공 여부를 결정하시오.
   단, 결합원가의 배분은 순실현가치법에 의한다.

4. 문제3과는 독립적으로 중간제품B인 상태에서 2공정의 추가가공전의 판매가격이₩80이라면 최종제품Q의 판매가격이 단위당 최소한 얼마 이상이어야 추가가공하겠는가?
   다른 사항은 변함없으며, 순실현가치법을 적용한다.

해답

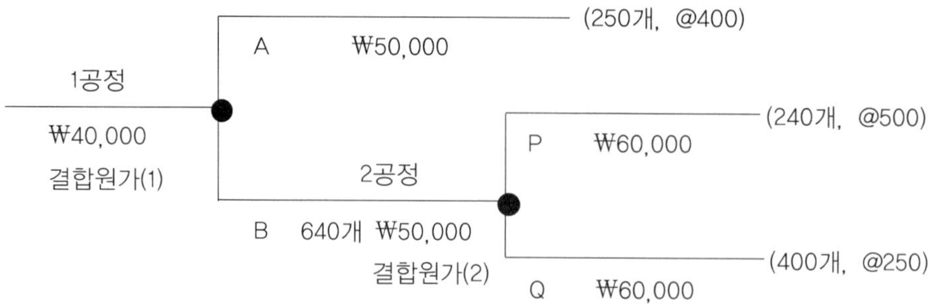

1.

	A	P	Q
판매가능액	₩100,000	₩120,000	₩100,000
추가가공원가	(50,000)	(60,000)	(60,000)
순실현가치	50,000	60,000	40,000
결합원가(2)		(30,000)[1]	(20,000)
순실현가치		30,000	20,000
결합원가(1)	(20,000)	(12,000)[2]	(8,000)
최종이익	₩30,000	₩18,000	₩12,000

1) $50{,}000\times \dfrac{60{,}000}{60{,}000+40{,}000}=30{,}000$

2) $40{,}000\times \dfrac{30{,}000}{50{,}000+30{,}000+20{,}000}=12{,}000$

① 결합원가

A : ₩20,000

P : ₩12,000+30,000 = ₩42,000

Q : ₩8,000+20,000 = ₩28,000

② 단위당 원가

A : ₩70,000÷250개 = ₩280

P : ₩102,000÷240개 = ₩425

Q : ₩88,000÷400개 = ₩220

③ 기말재고액

A : ₩280×50 개 = ₩14,000

P : ₩425×50 개 = ₩21,250

Q : ₩220×100개 = ₩22,000

④ 매출총이익률

A : $\dfrac{400-280}{400}=30\%$

P : $\dfrac{500-425}{500}=15\%$

Q : $\dfrac{250-220}{250}=12\%$

2.

전체매출	100,000+120,000+100,000	=	320,000
매출원가	40,000+50,000+50,000+60,000+60,000	=	(260,000)
매출총이익			60,000
매출총이익률	(60,000÷320,000)	=	18.75%

	A	P	Q
판매가능액	₩100,000	₩120,000	₩100,000
추가가공원가	(50,000)	(60,000)	(60,000)
결합원가	(31,250)	(37,500)	(21,250)
최종이익	18,750	22,500	18,750

① 결합원가		② 단위당 원가		③ 기말재고액	
A :	₩31,250	₩81,250÷250개 =	₩325	₩325×50개 =	₩16,250
P :	₩37,500	₩97,500÷240개 =	₩406.25	₩406.25×50개 =	₩20,312.5
Q :	₩21,250	₩81,250÷400개 =	₩203.125	₩203.125×100개 =	₩20,312.5

④ 매출총이익률 : A = P = Q = 18.75%

3.

	P		Q		A	
증분수익	240×100 =	24,000	400×250 =	100,000	250×400 =	100,000
증분비용		60,000	60,000+50,000 =	110,000	50,000+40,000=	90,000
증분이익(손실)		(36,000)		(10,000)		10,000
추가가공여부		×		×		○

4.

증분수익	(400 × X+240×₩500)−640×₩80	=	400X+₩68,800
증분비용	₩60,000+₩60,000+₩50,000	=	₩170,000
증분이익			400 X−₩101,200

∴ 400X−₩101,200≥0, 즉 X≥₩253인 경우 추가 가공한다.

문제 2	부산물의 회계처리

세원(주)는 하나의 원재료를 사용하여 주산품 X, Y와 부산물 A를 생산하고 있다. 이들 각 제품은 분리점 이후의 추가공정을 거쳐 판매할 수 있는 최종제품이 된다. 20×4년 1월의 생산 및 판매활동에 관한 자료는 다음과 같다.

제	생산량	판매량	개별원가[1]	판매단가
X	2,000개	1,800개	₩140,000	₩320
Y	1,000	750	100,000	400
A	250	150	5,000	130

1) 개별원가는 추가공정에서 발생한 원가로 전액 변동비이다.

1월의 결합원가는 ₩600,000이며, 부산물 A의 처분에는 단위당 ₩10의 판매비가 발생한다. 기초재고자산은 없으며, 결합원가는 순실현가치법에 따라 배분한다.

요구사항

1. 부산물 A를 판매시점에서 잡수익으로 처리한다고 가정하고 다음을 계산하시오.

(1) 1월의 순이익

(2) 기말재고자산 X, Y, A의 원가

2. 부산물 A의 가치를 생산시점에서 결합원가에서 차감하여 인식한다고 가정하고 다음을 계산하시오.

(1) 1월의 순이익

(2) 기말재고자산 X, Y, A의 원가

해답

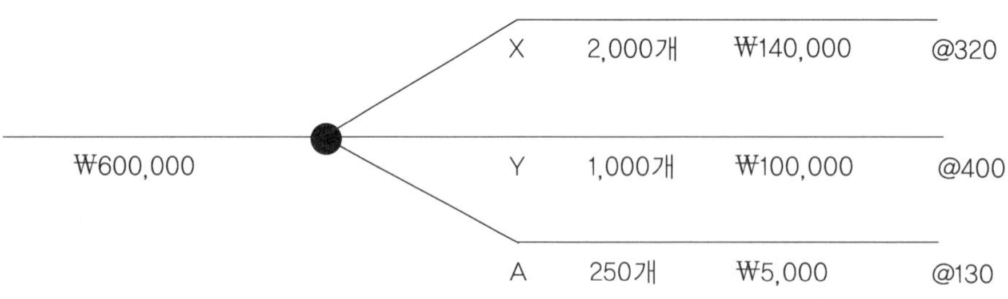

1. (1) 1월의 순이익

① 순실현가치

NRV X	=	2,000×320−140,000	=	500,000
NRV Y	=	1,000×400−100,000	=	300,000
				800,000

② 제품단위당 원가

$$X = \left(600{,}000 \times \frac{500{,}000}{800{,}000} + 140{,}000\right) \div 2{,}000 = 257.5$$

$$Y = \left(600{,}000 \times \frac{300{,}000}{800{,}000} + 100{,}000\right) \div 1{,}000 = 325$$

$$A = 5{,}000 \div 250 = 20$$

③ 순이익

X	=	(320−257.5)×1,800	=	112,500
Y	=	(400−325)× 750	=	56,250
A	=	(130−20−10)×150	=	15,000
				183,750

(2) 기말재고자산

X	=	200×257.5	=	51,500
Y	=	250×325	=	81,250
A	=	100×20	=	2,000

2.

(1) 1월의 순이익

① 순실현가치

NRV X			=	500,000
NRV Y			=	300,000
NRV A	=	(130−10)×250−5,000	=	25,000

② 제품 단위당원가

$$X = \{(600{,}000-25{,}000) \times \frac{500{,}000}{800{,}000} + 140{,}000\} \div 2{,}000 = 249.6875$$

$$Y = \{(600{,}000-25{,}000) \times \frac{300{,}000}{800{,}000} + 100{,}000\} \div 1{,}000 = 315.625$$

$$A = (25{,}000+5{,}000) \div 250 = 120$$

③ 순이익

X	=	(320−249.6875) × 1,800	=	126,562.5
Y	=	(400−315.625) × 750	=	63,281.25
A	=	(130−120−10) × 150	=	0
				189,843.75

(2) 기말재고자산

X	=	200 × 249.6875	=	49,937.5
Y	=	250 × 315.625	=	78,906.25
A	=	100 × 120	=	12,000

Chapter 8

표준원가계산

제1절 표준원가계산의 개요

1 표준원가계산의 개요

표준원가는 생산이 효율적으로 수행될 경우 달성되어야만 하는 최소의 원가이다. 표준원가계산(standard costing system)에서는 직접재료비, 직접노무비, 제조간접비 등의 원가요소에 대하여 과학적인 방법에 의해 산정된 표준원가를 미리 정해 놓고 그 표준원가를 기초로 제품원가를 계산하고 성과평가를 한다. 따라서 표준원가계산에서는 표준원가를 설정하고 표준원가와 실제원가의 차이를 분석하고 그 원가차이를 조정하는 과정을 거치게 된다. 즉, 원가요소별로 미리 표준적인 소비액을 설정하여 이를 기초로 해서 산정된 표준원가를 실제의 제조활동에 소요된 실제원가와 비교하여 양자의 차이를 분석함으로써 개선하여야 할 점을 발견하는 방법이다. 이러한 과정을 통하여 신속한 원가계산이 가능하고 통제와 관리를 할 수 있게 된다.

권한과 책임이 부여되고 경제활동이 가능한 조직단위를 책임중심점이라 한다. 책임중심점은 원가에 대하여 책임을 지는 원가중심점과 이익에 대하여 책임을 지는 이익중심점, 그리고 투자에 대하여 책임을 지는 투자중심점이 있다. 책임중심점의 경제활동에 대하여 성과를 평가하는 것을 책임회계라 한다. 표준원가계산은 원가만을 평가대상으로 삼는 원가중심점의 성과평가제도이다.

여기서 표준(standard)이란 원가통제나 기업구성원들의 성과측정을 위한 기준(norm)이 되는 것으로서, 어떤 작업이 효율적으로 수행될 경우 마땅히 달성되어야 할 수준에 대한 측정치이다. 즉, 표준은 목표를 의미한다. 따라서 표준원가는 효율적으로 수행될 경우 달성되어야 하는 원가로서 직무를 어떻게 수행하여야 하며, 이때 그 직무를 수행하는데 얼마만큼의 비용이 소요되어야 할 것인가를 나타내 준다. 표준은 다음과 같이 분류할 수 있다.

1) 이상적 표준(ideal standard)

이상적 표준은 최적의 이상적인 환경에서만 달성될 수 있는 표준이다. 이는 어떠한 기계고장이나 작업중단도 없는 상황에서, 가장 고도로 숙련된 능률적인 종업원이 일정한 시간에 자신의 능력을 100% 발휘하여 작업하는 경우에 달성가능한 수준이다. 이러한 이상적인 표준에는 비효율적인 요소는 전혀 허용되지 않는다. 따라서 이상적 표준은 달성이 거의 불가능하므로 이상적 표준을 기준으로 사용하는 경우 종업원을 좌절시킬 가능성이 있다.

2) 현실적인 표준(practical standard)

현실적인 표준은 능률적인 작업조건하에서 평균적인 근로자가 합리적인 노력을 통하여 달성가능한 수준이다. 이는 정상적인 감손과 정상적인 기계고장 및 공손, 작업자들의 정상적인 여유시간 등을 고려하여 설정하는데 보통의 근로자가 열심히 노력한다면 일반적으로 달성가능한 표준이다.

2 표준원가계산의 장단점

1) 장 점

표준원가계산에서는 사전에 설정한 표준원가를 기초로 원가를 산정하기 때문에 다음과 같은 유용성이 있다.

① 표준원가를 사용하므로 제품원가계산이 신속하고 간편하다.
② 표준원가(단위당 원가)를 이용하여 예산편성(총원가)을 쉽게 할 수 있다.
③ 표준에서 벗어난 것을 중점적으로 관리할 수 있다(예외에 의한 관리).
④ 표준이 사전에 설정되므로 종업원의 동기부여에 기여하고 책임회계를 가능케 한다.

경영자는 제약된 환경하에서 모든 것을 통제하고 관리할 수가 없다. 그래서 표준투입량과 표준가격을 설정하여 두고 그 표준에 비추어 실제투입량과 실제가격이 초과되었는지를 평가한다. 그 결과 표준에 비하여 중요한 차이를 보이는 사항 즉, 예외사항을 중점적으로 관리하는데 이를 예외에 의한 관리(management by exception)라 한다.

2) 단 점

표준원가계산은 원가를 추정하여 사전에 표준원가를 설정하여야 하고, 차이분석의 결과를 통하여 예외에 의한 관리를 하기 때문에 다음과 같은 문제점이 있다.

① 표준의 설정이 잘못되면 차이분석 자체가 무의미해 진다.

② 유리한 차이를 만들기 위하여 과다 생산할 우려가 있다.

③ 예외에 의한 관리에 중점을 두게 되면 하급자들이 불리한 차이를 감추거나 보고하지 않을 가능성이 있다.

④ 원가차이 분석에 시간과 비용이 많이 들고, 원가절감에만 치우쳐 품질이 저하될 가능성이 있다.

제2절 표준원가의 설정

표준원가계산은 실제원가와 표준원가를 비교하여 생산부문의 성과를 평가하고, 이를 통하여 원가를 통제하는 시스템이며, 다음과 같은 절차가 필요하다.

1단계 : 표준원가의 설정
과학적인 통계기법을 이용해서 비교대상이 되는 표준원가를 설정한다.

2단계 : 차이분석
미리 설정된 표준원가와 실제 발생원가를 비교하여 차이를 분석한다.

3단계 : 차이의 조정
차이분석의 결과를 성과평가에 반영하고 실제원가와의 차이를 조정한다.

본 절에서는 표준원가의 설정에 대해 설명하고, 차이분석은 3절에서, 차이의 조정은 4절에서 다룬다.

표준원가계산을 실시하기 위해서는 먼저 표준원가를 설정하여야 하는데 여기서 표준원가란 특정제품을 생산하는데 발생할 것으로 예상되는 원가를 말한다. 원가회계에서 논의하는 표준은 가격 측면에서의 표준(표준가격)과 수량 측면에서의 표준(표준수량)으로 구분된다. 표준수량(standard quantity, SQ)은 제품 1단위를 생산하는데 필요한 원가요소의 투입량 표준이다. 그리고 표준가격(standard price, SP)은 투입물에 대해 지급하는 가격의 표준으로 제품 1단위 생산에 투입되는 원가요소의 단위당 가격이다.

제품단위당 표준원가는 아래식과 같이 표준수량과 표준가격을 사용하여 설정하며, 원가요소별로 각각 설정하는 것이 일반적이다.

표준원가 = 표준수량(SQ) × 표준가격(SP)

아래 [공통 예제]를 이용하여 원가요소별(직접재료비, 직접노무비, 변동제조간접비, 고정제조간접비)로 표준수량과 표준가격을 설정하고 표준원가를 계산하는 과정을 설명하도록 한다.

[공통 예제] 표준원가의 설정

➤ **울산기업은 표준원가계산을 적용하여 제품원가를 계산하려고 한다. 이를 위하여 표준원가를 설정해야 하는데 이와 관련된 자료는 다음과 같다.**

✓ 직접재료비는 제품단위당 3kg을 사용하고 kg당 ₩10에 구입하였다.

✓ 직접노무비는 제품단위당 2시간을 사용하고 노동시간당 ₩3을 지급하였다.

✓ 제조간접비는 간접노무비, 전기료, 연료비, 수선유지비, 감가상각비, 기계장치 리스료 등과 같이 다양한 비용항목들로 구성되어 있다.

✓ 이 중에서 변동제조간접비를 분석한 결과 변동제조간접비의 원가동인은 노동시간으로 파악되었으며, 변동제조간접비 배부율은 다음과 같다.

전 기 료 : 10kw × ₩0.02 =	₩0.2
간접노무비	0.4
연 료 비 : 2ℓ × ₩0.3 =	0.6
수선유지비	0.5
간접재료비	0.3
노동시간당 변동제조간접비 배부율	₩2.0

✓ 고정제조간접비와 관련한 원가는 다음과 같다.

감가상각비	₩15,000
기계장치 리스료	18,000
공장장 급여	17,000
고정제조간접비 예산	₩50,000

✓ 회사에서 계산한 노동시간의 조업도 수준은 다음과 같다.

이론적 최대조업도	실제적 최대조업도	정상조업도	연간 기대조업도
20,000시간	15,000시간	8,000시간	10,000시간

1) 직접재료비 표준 설정

직접재료비 표준가격은 한 단위의 표준원재료에 대하여 허용된 단위당 가격이다. 여기에는 원재료의 구입가격 뿐만 아니라 운반, 하역 등과 관련된 부대비용 및 수량할인 등을 고려하여 설정하여야 한다. 그리고 직접재표비 표준수량은 1단위의 제품을 생산하는데 허용된 원재료의 표준투입량을 의미한다. 표준수량은 일반적으로 재료명세서(bill of material, BOM)에 의해 산출된다. 재료명세서는 완제품 한 단위 생산에 투입되는 각 원재료의 종류와 수량을 기록한 목록으로, 표준수량 계산시 정상적인 생산과정에 발생하는 공손이나 감손 등을 고려하여야 한다. 위 [공통 예제]에 제시된 자료를 이용하여 직접재료비 표준원가를 계산하면 다음과 같다.

직접재료비 표준원가	= 직접재료비 표준가격 × 재료 단위당 표준수량
₩30	= ₩10×3Kg

2) 직접노무비 표준 설정

직접노무비의 경우에는 표준가격 대신 표준임률이라고 표현한다. 표준임률은 한 시간의 직접노동시간에 대하여 허용된 임률을 의미하는 것으로 근로자들에게 지급되는 임금뿐만 아니라 복리후생비 및 기타 노무 관련 비용를 고려하여 설정하여야 한다. 그리고 표준수량과 동일한 개념으로 표준시간이라는 용어를 사용하며, 표준시간은 한 단위의 제품을 생산하는데 허용되는 직접노동시간을 의미한다. 표준시간은 개별 작업활동에 대한 시간과 동작 연구를 이용하여 실질적인 작업시간뿐만 아니라 기계고장시간, 기계수선시간, 휴식시간 등을 고려하여 설정하여야 한다. 위 [공통 예제]에 제시된 자료를 이용하여 직접노무비 표준원가를 계산하면 다음과 같다.

직접노무비 표준원가	= 시간당 표준임률 × 제품단위당 직접노동 표준시간
₩6	= ₩3×2시간

3) 제조간접비 표준 설정

제조간접비는 구성항목이 매우 많으므로 항목별로 표준을 설정하는 것은 효익에 비해 비용이 크다. 따라서 변동제조간접비와 고정제조간접비의 두 가지로 구분하여 표준을 설정한다. 우선 변동제조간접비의 표준 설정을 위해서는 변동제조간접비의 발생을 논리적으로 잘 설명할 수 있는 조업도를 선택해야 한다. 예를 들어 제품 생산에 투입되는 노력 중 설비의 비중이 크다면 변동제조간접비는 설비의 사용시간과 관련이 있을 가능성이 크다. 이 경우 기계시간이 조업도로 사용될 수 있을 것이다. 변동제조간접비의 경우 표준수량은 1단위의 제품을 생산하는데 허용되는 조업도를 의미하는 것으로 표준조업도라고 표현한다. 표준조업도에는 직접노동시간, 기계작업시간, 직접재료 투입량 등이 사용될 수 있다. 그리고 변동제조간접비의 표준가격은 1단위의 표준조업도에 대한 제조간접비배부율로서 표준배부율이라고 부른다. 표준배부율(표준가격)과 표준조업도(표준수량)로 구성된다. 위 [공통 예제]에 제시된 자료를 이용하여 변동제조간접비 표준원가를 계산하면 다음과 같다.

변동제조간접비 표준원가	= 조업도 단위당 표준배부률 × 제품단위당 표준조업도
₩4	= ₩2×2시간

반면에 고정제조간접비의 경우에는 관련범위 내에서 조업도의 변동에 영향을 받지 않기 때문에 변동제조간접비와는 표준 설정에 차이가 있다. 고정제조간접비 표준은 1단계로 고정제조간접비 예산을 설정하고, 2단계 기준조업도를 결정한 후, 3단계로 고정제조간접비 배부율을 계산하는 과정으로 이루어진다.

고정제조간접비는 특성상 총금액이 일정하므로 원가통제 목적으로 표준원가는 단위당 금액이 아닌 총액으로 설정된다. 따라서 고정제조간접비는 단위당 표준원가를 설정하기 전에 고정제조간접비의 여러 구성요소들을 검토하여 총 예산을 설정해야 한다. [공통 예제]에서 고정제조간접비 예산은 감가상각비(₩15,000), 기계장치 리스료(₩18,000), 공장장급여(₩17,000)을 합한 ₩50,000으로 계산한다.

예산이 정해지면 단위당 표준원가 계산을 위해 기준조업도가 결정되어야 하는데 기준조업도로 사용할 수 있는 조업도는 다음과 같다. ① 이론적 최대조업도(최상의 작업환경에서 최고의 능률로 달성할 수 있는 조업도), ② 실제적 최대조업도(정상적인 기계고장, 종업원의 휴식시간 등을 허용할 경우에 달성가능한 조업도), ③ 정상(평준화)조업도(수요의 계절적·주기적 변동 및 추세변동을 평준화시킨 조업도로서 3~5년간의 평균조업도), ④ 연간 기대조업도(예산조업도)(당기 1년 동안에 예상되는 조업도) 등이 있다. 이 중 연간 기대조업도가 가장 많이 사용되는데, 연간 기대조업도에 의하여 고정제조간접비 예정배부율을 결정하면 당해연도의 조업도차이가 거의 0에 가깝게 되므로 성과평가에 유용하며, 종합예산의 기초자료로 사용되므로 계획수립 및 원가통제목적으로 유용하기 때문이다. 고정제조간접비는 관련범위 내에서 조업도수준과 관련없이 일정한 것으로 간주한다. 그러므로 기준조업도가 무엇이냐에 따라 제품원가계산목적상의 고정제조간접비 배부율이 달라지고 성과평가에도 영향을 미치므로 기준조업도의 결정은 중요하다.

고정제조간접비 예산과 기준조업도가 정해지면 고정제조간접비 배부율이 구해지며, 이를 통해 고정제조간접비 표준원가가 설정된다. 위 [공통 예제]에 제시된 자료를 이용하여 고정제조간접비 표준원가를 계산하면 다음과 같다.

고정제조간접비 표준원가	= 조업도 단위당 표준배부률 × 제품단위당 표준조업도
₩10	= ₩5×2시간

제3절 원가차이분석

1 차이분석의 기본 모형

기업이 제품 생산과정에서 투입한 원가요소의 실제 발생액은 표준과 다른 것이 일반적이다. 차이분석(variance analysis)은 실제원가와 표준원가를 비교하여 차이를 식별하고 각 차이의 원인을 규명하는 것을 말한다. 이를 통해 문제의 원인과 개선의 방향을 찾고 원가발생에 책임을 지고 있는 부서에 대한 조사를 실시할 수도 있다. 원가요소별로 표준원가를 설정한 것처럼 원가요소별로 차이분석을 하며, 원가차이 분석의 기본 형태는 다음과 같다.

[표 8-2] 원가차이 분석의 기본 모형

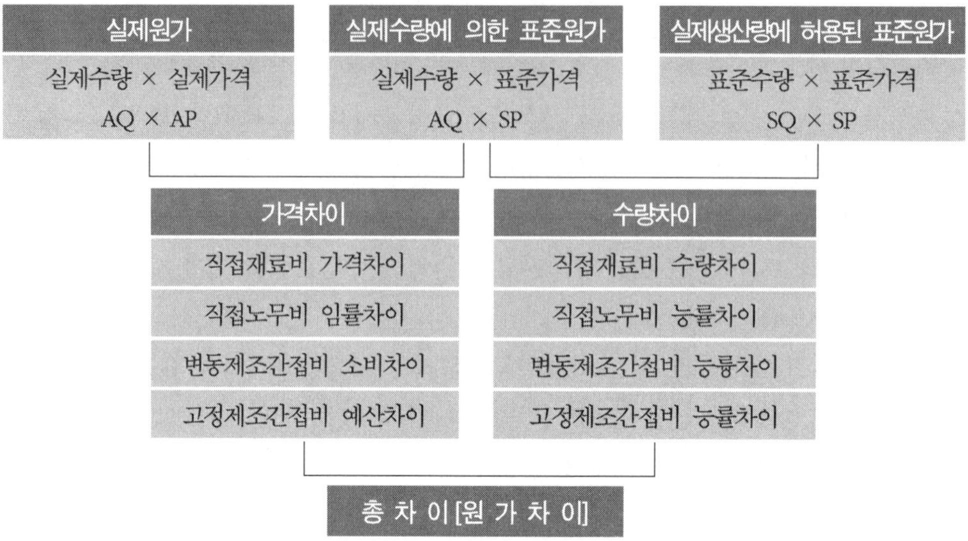

변동제조원가는 조업도에 비례하여 발생하나 고정제조원가는 관련범위 내에서 조업도의 변화와 관계없이 일정액으로 발생하기 때문에 차이분석방법이 상이하다. 이하에서는 각각으로 나누어서 설명하고자 한다.

2 변동제조원가 차이분석

변동제조원가에 속하는 직접재료비, 직접노무비, 변동제조간접비의 차이분석 체계는 동일하다. 변동제조원가 차이분석에는 주로 다음과 같은 모형이 사용된다.

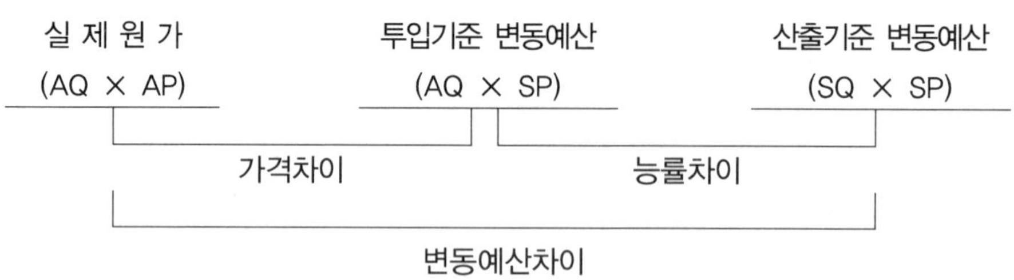

AQ = 실제투입량　　AP = 실제가격

SQ = 표준수량 = 실제산출량에 허용된 표준투입량　　SP = 표준가격 = 표준투입량 단위당 표준가격위 차이분석모형에서 가격차이와 능률차이를 분석해 보면 다음과 같다.

$$가격차이 = (AQ \times AP) - (AQ \times SP) = AQ \times (AP - SP)$$

$$수량차이 = (AQ \times SP) - (SQ \times SP) = SP \times (AQ - SQ)$$

가격차이는 실제수량을 기준으로 했을 때 실제가격과 표준가격의 차이이고, 능률차이는 표준가격을 기준으로 했을 때 실제수량과 표준수량의 차이다. 차이분석에 사용되는 용어는 다양하므로 혼돈하지 않도록 주의를 요한다. 용어를 표로 정리하면 다음과 같다.

원가요소	가격차이	능률차이
직접재료비	가격차이	수량차이(사용차이)
직접노무비	임률차이	능률차이(효율차이)
변동제조간접비	소비차이	능률차이(효율차이)

투입기준 변동예산(AQ×SP)과 산출기준 변동예산(SQ×SP)를 풀어서 쓰면 다음과 같은데, 이 둘 간에는 중요한 차이가 존재한다. 위 내용을 풀어서 쓰면 다음과 같은데 이 식에는 중요한 차이가 있다.

- 투입기준 변동예산(AQ×SP) = 실제 투입된 원재료(직접노동시간)×표준가격
- 산출기1준 변동예산(SQ×SP) = 실제 산출된 제품수량×단위당표준수량×표준가격

투입기준1 변동예산(AQ×SP)은 산출량과는 관계없이 실제로 투입된 원재료나 직접노동시간을 기준으로 산정한다. 그러나 산출기준 변동예산(SQ×SP)은 실제로 산출된(생산된) 제품에 대하여 표준치로 허용한 원재료나 직접노동시간을 기준으로 산정한다. 즉, 산출기준 변동예산은 표준원가에 의하면 실제로 생산된 제품을 만들기 위해서는 얼마의 원가가 배부될 것인가를 나타낸다.

차이분석을 하게 되면 실제원가와 표준원가 간 차이가 양 또는 음으로 나타나게 된다. 불리한 차이(Unfavorable variance)는 실제원가가 표준원가보다 커서 영업이익을 감

소시키는 차이를 말하고, 유리한 차이(Favorable variance)는 실제원가가 표준원가보다 작아서 영업이익을 증가시키는 차이를 말한다. 우리가 공부한 모형을 기준으로 한다면 실제원가가 투입기준변동예산보다 크거나, 투입기준변동예산이 산출기준변동예산보다 크면 불리한 차이이다. 즉, 왼쪽 값이 더 크면 불리한 차이이다. 반대로 왼쪽 값이 더 작으면 유리한 차이이다. 표준원가계산에서는 제품원가가 일단 표준원가로 산정된다. 그런데 실제원가가 표준원가보다 크다면 실제원가로 수정하기 위하여 차이조정과정에서 원가가 증가되어야 하고 그 결과 이익은 감소되어야 한다. 그래서 실제원가가 표준원가보다 크면 불리한 차이라 한다.

차이분석은 아래 [공통 예제 : 표준원가의 차이분석]을 이용하여 구체적으로 살펴본다.

[공통예제] 표준원가의 차이분석

➤ **마태오(주)는 표준원가를 사용하고 있으며, 20X1년도의 표준원가를 다음과 같이 설정하였다.**

직 접 재 료 비	3kg × ₩10	=	₩30
직 접 노 무 비	2시간 × ₩3	=	6
변동제조간접비	2시간 × ₩2	=	4
고정제조간접비	2시간 × ₩5	=	10
단위당표준원가		=	₩50

✓ 변동제조간접비는 직접노동시간을 기준으로 배부기준으로 결정

✓ 고정제조간접비 예산은 ₩50,000이며, 기준조업도는 5,000개(10,000시간)을 적용하여 고정제조간접비 배부율을 결정

➤ **마태오(주)는 20X1년도에 제품 4,000단위를 생산해서 판매하였으며, 1년 동안 발생한 실제원가는 다음과 같다.**

✓ 직접재료비 : 13,000kg × ₩12 = ₩156,000

✓ 직접노무비 : 11,000시간 × ₩2.5 = ₩27,500

✓ 당기의 원재료구입량은 15,000kg이며, kg당 실제구입가격은 ₩12이다.

✓ 변동제조간접비는 전기료, 간접노무비, 연료비, 수선유지비, 간접재료비 등으로 총액은 ₩18,000이다.

✓ 고정제조간접비는 감가상각비, 기계장치 리스료, 공장장 급여 등으로 총발생액은 ₩60,000이다.

1) 직접재료비 차이분석

직접재료비차이는 실제직접재료비와 실제생산량에 허용된 표준직접재료비의 차이

를 말한다. 직접재료비차이는 가격차이와 수량차이로 세분할 수 있다. 보통 구매담당자가 재료비 가격차이에 대해 책임을 지는 반면에 생산담당자는 재료비 수량차이에 대해 책임을 진다. 그러나 구매담당자가 유리한 차이를 얻기 위해서 질이 떨어지는 원재료를 구입하면 수량차이가 불리하게 나타날 수도 있으므로 원가차이에 대한 책임은 쉽게 판단 할 문제는 아니다. 한편, 직접재료비 가격차이는 재료구입시점에서 분리할 수도 있고, 재료사용시점에서 분리할 수도 있다. 그러나 일반적으로는 다음과 같은 이유 때문에 재료구입시점에서 분리한다.

- 가격차이에 대한 원인을 신속하게 규명하여 대책을 마련할 수 있다.
- 원재료계정이 항상 표준원가로 기록되므로 원가계산이 신속하고 간편하다.

재료구입시점에서 가격차이를 분석할 경우에는 가격차이는 구입한 수량을 기준으로 분석하나 능률차이는 사용한 수량을 기준으로 분석한다는 것에 주의하여야 한다. 위 [공통 예제]에 제시된 자료를 이용하여 직접재료비차이를 계산하면 다음과 같다.

직접재료비 가격차이 = 실제수량 × [표준가격 − 실제가격]
[₩26,000] = 13,000Kg × [₩10 − ₩12]

직접재료비 수량차이 = 표준가격 × [표준수량 − 실제수량]
[₩10,000] = ₩10 × [12,000Kg − 13,000Kg]

[그림 8-1] 직접재료비 원가차이 분석

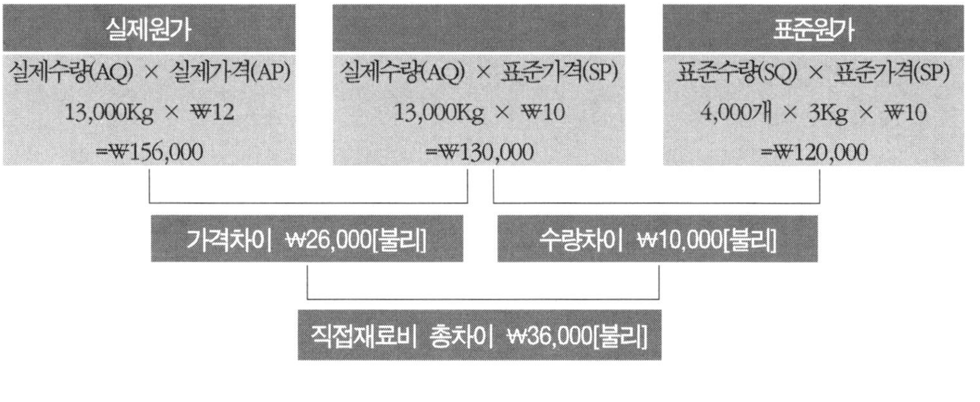

2) 직접노무비 차이분석

직접노무비차이는 실제직접노무비와 실제생산량에 허용된 표준직접노무비의 차이를 말한다. 인사관리부서에서 필요한 인력을 파악하여 선발하며, 생산부서에서는 생산에 필요한 인력을 배치하고 감독한다. 따라서 생산담당자가 제조활동에 필요한 인력을 잘못 배치하거나 감독하여 발생하는 직접노무비 능률차이에 대하여는 책임을 져야하나 생산담당자의 권한을 벗어나는 시간당 임률에 대한 임률차이는 책임지지 않는다. 권한이 없으면(통제권이 없으면) 책임 또한 없다. 직접노무비차이는 임률차이와 능률차이로 세분할 수 있다. 직접노무비 임률차이는 직접노동자들에게 지급된 시간당 평균임률의 표준에서 벗어난 편차를 측정한 것이고, 직접노무비 능률차이는 노동시간의 생산성을 측정한 것이다. 위 [공통 예제]에 제시된 자료를 이용하여 직접노무비차이를 계산하면 다음과 같다.

직접노무비 임률차이 = 실제수량 × [표준가격 − 실제가격]
₩5,500 = 11,000시간 × [₩3 − ₩2.5]

직접노무비 능률차이 = 표준가격 × [표준수량 − 실제수량]
[₩9,000] = ₩3 × [8,000시간 − 11,000시간]

[그림 8-2] 직접노무비 원가차이 분석

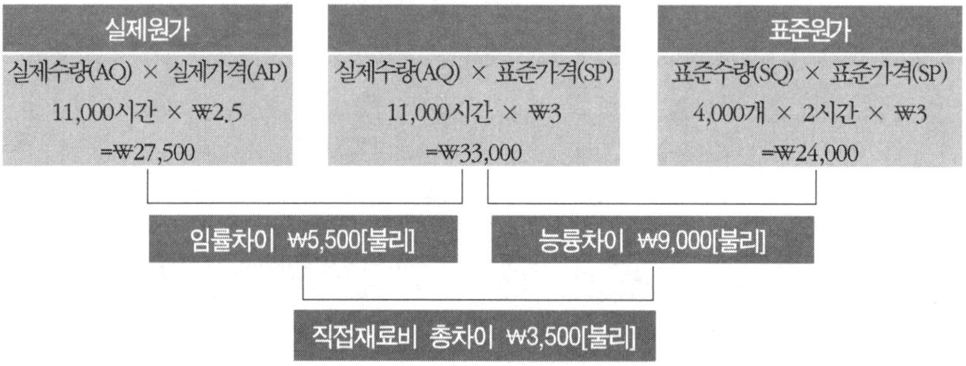

3) 변동제조간접비 차이분석

변동제조간접비차이는 실제변동제조간접비와 실제생산량에 허용된 표준변동제조간접비의 차이를 말한다. 변동제조간접비차이는 소비차이와 능률차이로 세분할 수 있다. 변동제조간접비 소비차이는 실제로 투입된 조업도를 기초로 계산한 변동제조간접비 예산과 실제로 발생한 원가와의 차이이다. 능률차이는 어떤 기간동안의 실제조업도와 산출량 기준으로 계산된 표준투입 조업도와의 차이로 인해서 발생하며, 직접노동시간이나 기계시간 등 조업도를 비능률적으로 사용해서 발생하게 된다. 위 [공통 예제]에 제시된 자료를 이용하여 변동제조간접비차이를 계산하면 다음과 같다.

직접간접비 소비차이 = [실제조업도 × 표준배부율] - 실제원가
₩4,000 = [11,000시간 × ₩3] - ₩18,000

직접노무비 능률차이 = [표준조업도 - 실제조업도] × 표준배부율
[₩6,000] = [4,000개 × 2시간 - 11,000시간] × ₩2

[그림 8-3] 변동제조간접비 원가차이 분석

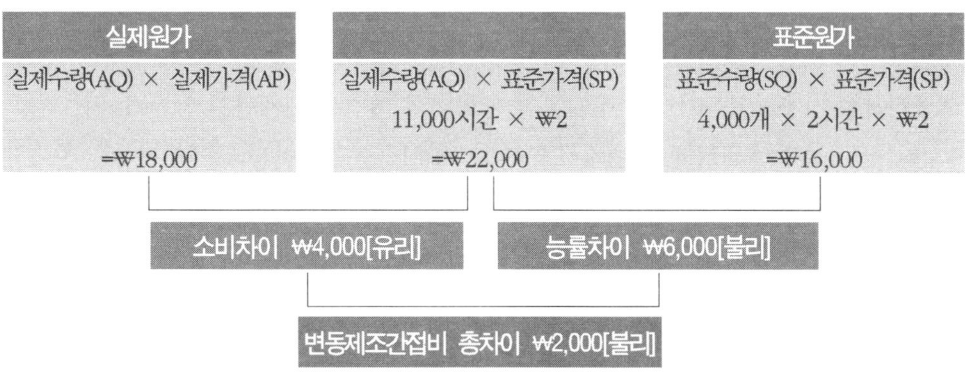

한편 직접노무비 능률차이와 변동제조간접비 능률차이의 관계는 다음과 같다. 변동제조간접비가 직접노동시간을 기준으로 배부되는 경우에는 직접노무비 차이분석에 사용된 실제투입량과 표준투입량이 그대로 사용된다. 그러므로 실제사용량과 표준투입량의 차이에 의하여 발생하는 능률차이도 표준가격에 비례해서 발생한다. 즉, 직접노무비의 표준가격이 직접노동시간당 ₩10이고 변동제조간접비의 직접노동시간당 표

준배부율이 ₩5일 때, 직접노무비의 능률차이가 ₩1,000불리하다면 변동제조간접비 능률차이는 ₩500불리하다. [예제1]에서 관계를 파악하기 바란다. 다만, 이런 관계는 변동제조간접비가 직접노동시간을 기준으로 배부되는 경우에 능률차이에 한하여 형성된다. 그러므로 이런 관계는 변동제조간접비가 직접재료비를 기준으로 배부된다거나 또는 가격차이에 대하여는 성립하지 않는다.

3 고정제조원가 차이분석

제조원가에서 직접재료비와 직접노무비 및 변동제조간접비는 모두 변동원가이기 때문에 고정제조원가는 고정제조간접비 밖에 없다. 따라서 고정제조원가 차이분석은 고정제조간접비 차이분석을 의미한다. 고정제조간접비차이는 실제발생한 고정제조간접비와 실제산출량에 허용된 고정제조간접비 표준배부액의 차이를 말한다. 이는 소비차이와 조업도차이로 세분할 수 있다. 고정제조간접비는 직접재료의 투입량이나 직접노동시간 또는 기계작업시간과 같은 조업도를 나타내는 측정치와는 관계없이 관련범위 내에서는 동일한 금액을 갖기 때문에 변동제조원가의 실제투입량을 표준가격으로 나타낸 투입기준변동예산(AQ×SP)의 개념은 존재하지 않는다. 그러므로 변동원가의 차이분석의 경우처럼 직접재료, 직접노동시간, 기계작업시간이 제조과정에서 얼마나 효율적으로 사용되었는가를 나타내는 능률차이의 개념은 존재하지 않는다. 즉, 고정제조간접비는 투입·산출관계가 존재하지 않기 때문에 능률차이는 존재하지 않으므로 소비차이가 곧 예산차이가 된다. 고정제조간접비 차이분석의 모형은 다음과 같다.

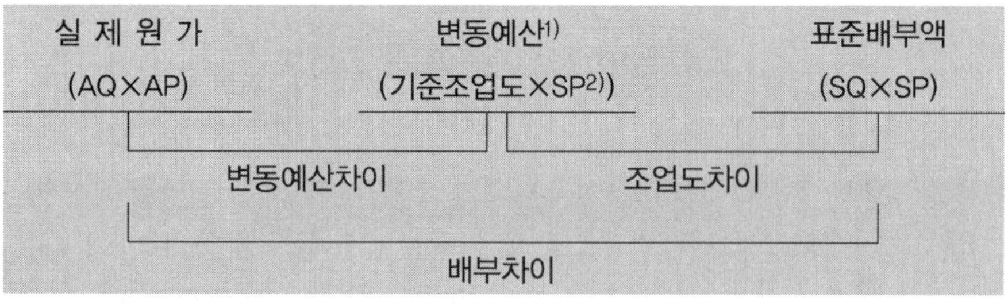

1) 고정제조간접비는 관련범위 내에서 조업도의 변화와 무관하게 총액이 일정하므로 투입기준예산이나 산출기준예산이 동일하다. 변동제조간접비는 변동비이기 때문에 변동예산상 원가와 배부액이 항상 같으므로 조업도차이가 없고, 고정제조간접비는 관련범위 내에서 일정액으로 주어져 투입·산출관계가 없으므로

조업도차이는 실제 생산된 제품에 배부된 고정제조간접비와 고정제조간접비예산과의 차이를 말한다. 즉, 실제로 생산된 수량이 표준원가를 계산할 때 사용하였던 예상수량과 다른 경우에 발생하는 원가차이이다. 조업도차이가 불리하다는 것은 예상수량(예산상의 기준조업도)이 실제로 생산된 수량보다 크다는 것이다. 즉, 예상수량보다 실제조업도 수준이 작다는 뜻이다. 한가지 주의 할 점은 조업도차이는 고정제조간접비 자체의 통제가 잘못되어서 발생하는 것이 아니라 생산량에 대한 예상이 잘못되어 발생하는 것으로서 고정제조간접비 조업도차이는 원가통제목적상은 중요한 의미가 없으며, 다만 외부보고용 제품원가계산을 위해서 중요한 의미가 있다. 위 [공통 예제]에 제시된 자료를 이용하여 고정제조간접비차이를 계산하면 다음과 같다.

고정제조간접비 예산차이 = 실제발생원가 − 고정제조간접비 예산
= 실제원가 − [기준조업도 × SP]
₩10,000 = ₩18,000 − [10,000시간 × ₩5]

고정제조간접비 조업도차이 = 고정제조간접비 예산 − 고정제조간접비 배부액
= [기준조업도 − 실제조업도] × SP
₩10,000 = [10,000시간 × ₩5] − [₩4,000개 × 2시간 × ₩5]

[그림 8-4] 고정제조간접비 원가차이 분석

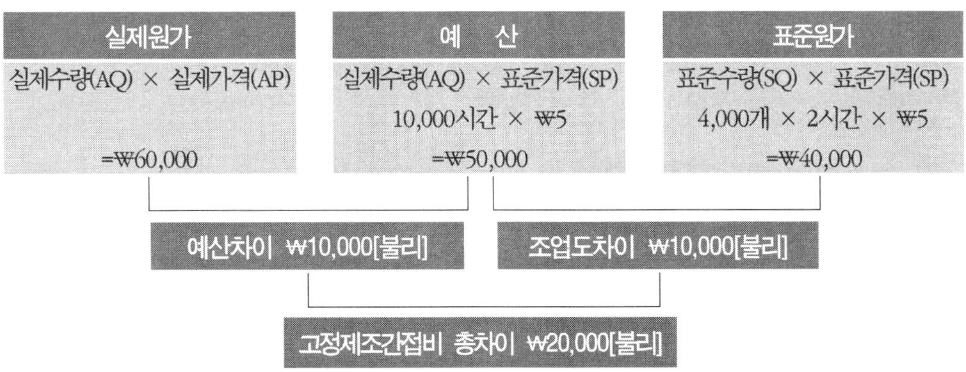

능률차이가 없다.

2) 표준배부율(SP) = $\frac{\text{고정제조간접비예산}}{\text{기준조업도}}$

제조간접비는 수많은 이질적인 원가요소들이 포함되어 있고 제조간접비에 포함된 원가요소들의 금액은 대부분 소액이기 때문에 직접비와 같은 방법으로 통제하기에 어려움이 존재한다. 제조간접비차이는 변동제조간접비차이 2개와 고정제조간접비차이 2개의 총 4개로 구분할 수 있는데, 이를 4분법이라 한다. 3분법은 소비차이를 하나로 묶고 나머지 능률차이와 조업도차이를 분석하는 것을 말하고, 2분법은 변동예산에 해당하는 부분(소비차이+능률차이)을 하나로 묶고 나머지 조업도차이를 분석하는 것을 지칭한다. 이를 그림으로 나타내면 다음과 같다.

[그림 8-5] 제조간접비차이 분석 방법

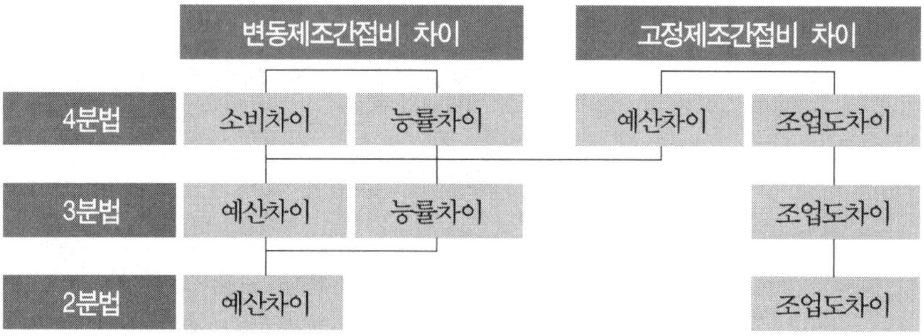

제4절 회계처리 및 원가차이의 조정

1 표준원가계산의 회계처리

표준원가계산에서의 회계처리를 간략히 나타내면 다음과 같다. 단, 원재료는 구입시점에서 가격차이를 분석하는 것으로 가정한다. 분개시 불리한 차이와 유리한 차이는 다음과 같이 처리한다. 불리한 차이는 차변에 기록되며, 유리한 차이는 대변에 기록된다. 불리한 차이는 실제원가가 표준원가보다 많이 발생한 상황을 나타내므로 비용이나 자산을 증가시켜야 한다. 그러므로 차변에 나타나는 것이다. 쉽게 이해하려면 불리한 차이는 비용의 성격이므로 차변에 나타나고 유리한 차이는 수익의 성격이므로 대변에 나타난다고 생각하면 된다.

1) 직접재료비(가격차이는 불리한 차이이고 능률차이는 유리한 차이라고 가정)

원재료 구입시			
(차) 원재료 $(AQ_P \times SP)$	×××	(대) 현금	×××
직접재료비 구입가격차이	×××	매입채무	×××
원재료 사용시			
(차) 재공품 (SQ×SP)	×××	(대) 원재료$(AQ_U \times SP)$	×××
		직접재료비 능률차이	×××

2) 직접노무비(가격차이는 불리한 차이이고 능률차이는 유리한 차이라고 가정)

노무비 발생시			
(차) 노무비	×××	(대) 현금	×××
		미지급임금	×××
제조과정에 대체시			
(차) 재공품	×××	(대) 노무비	×××
직접노무비 가격차이	×××	직접노무비 능률차이	×××

3) 변동제조간접비(소비차이는 불리한 차이, 능률차이는 유리한 차이라고 가정)

변동제조간접비 발생시			
(차) 수선유지비	×××	(대) 현금	×××
동력비	×××	미지급비용	×××
:	×××	:	×××
변동제조간접비 집계			
(차) 변동제조간접비	×××	(대) 수선유지비	×××
		동력비	×××
		:	×××
변동제조간접비 배부			
(차) 재공품	×××	(대) 변동제조간접비	×××
변동제조간접비 소비차이	×××	변동제조간접비 능률차이	×××

4) 고정제조간접비(소비차이는 불리한 차이, 능률차이는 유리한 차이라고 가정)

고정제조간접비 발생시			
(차) 감가상각비	×××	(대) 감가상각누계액	×××
동력비	×××	미지급비용	×××
:	×××	:	×××
고정제조간접비 집계			
(차) 고정제조간접비	×××	(대) 감가상각비	×××
		동력비	×××
		:	×××
고정제조간접비 배부			
(차) 재공품	×××	(대) 고정제조간접비	×××
고정제조간접비 소비차이	×××	고정제조간접비 조업도차이	×××

5) 제품 및 매출원가계정으로 대체

제품 완성시			
(차) 제 품	×××	(대) 재공품	×××
제품 판매시			
(차) 매출원가	×××	(대) 제 품	×××

2 원가차이의 조정

표준원가계산에서는 원재료 가격차이를 구입시점에서 분리하면 원재료 기말재고자산을 포함한 모든 기말재고자산과 매출원가가 표준원가로 기록된다. 그러나 실제발생한 원가가 표준원가와 다른 경우에는 표준원가를 실제원가로 조정하는 과정이 필요하다. 왜냐하면 외부보고용 재무제표는 실제원가로 기록되어야 하기 때문이다. 따라서 모든 원가차이를 실제원가로 조정해야 하는데 그 방법에는 영업외손익법, 매출원가조정법, 총원가비례법, 원가요소비례법 등이 있다. 예제1을 통하여 각각의 방법을 설명하고자 한다.

직접재료비 가격차이를 구입시점에서 분리한 경우에는 그 차이를 기말 재공품, 제품, 매출원가 뿐만 아니라 기말 원재료와 직접재료비 능률차이에도 배분하여야 한다.

왜냐하면 구입시점에서 가격차이를 분리하면 원재료는 항상 표준원가로 기록되므로 원재료를 실제가격으로 전환하기 위해서는 원가차이를 배분받아야 하기 때문이다. 그리고 직접재료비 능률차이는 원재료 표준사용량과 실제사용량과의 차이를 기록한 계정이므로 실제원가로 수정하기 위해서는 가격차이를 직접재료비 능률차이에도 배분한 뒤 기존의 직접재료비 능률차이와 배분받은 재료 가격차이를 합하여 재공품, 제품, 매출원가에 배분하여야 한다. 단, 총원가비례법인 경우에는 재료 가격차이를 직접재료비 능률차이에 배분하지 않는 것이 일반적이다. 왜냐하면 총원가비례법은 해당계정의 원가요소를 무시하는 간편법이기 때문이다.

예제 1 원가차이의 조정

서울회사는 표준원가계산을 사용하고 있다. 원가차이를 분석한 결과 직접재료비 능률차이 ₩5,000(불리)과 직접노무비 가격차이 ₩1,000(유리)만이 발생하였다. 원가차이를 조정하기 전의 기말재고자산과 매출원가를 분석한 결과는 다음과 같다. 단, 원재료 기말재고는 없는 것으로 가정한다.

	재공품	제 품	매출원가	계
직접재료비	20%	20%	60%	100%
직접노무비	10%	30%	60%	100%
총제조원가	20%	30%	50%	100%

➲ 요구사항

다음 각각의 방법에 의하여 원가차이를 조정하는 분개를 하시오.

1) 영업외손익법
2) 매출원가조정법
3) 총원가비례법
4) 원가요소비례법

➲ 해 답

(1) 영업외손익법

원가차이가 비정상적인 경우에 사용하는 방법이다. 불리한 차이는 영업외비용으로, 유리한 차이는 영업외수익으로 처리한다. 따라서 이 방법에서는 재고자산과 매출원가는 표준원가로 계속 기록된다. 예제1에 적용하면 다음과 같다.

(차)	직접노무비 가격차이	1,000	(대)	직접재료비 능률차이	5,000
	영업외비용	4,000			

차변에 있던 불리한 차이를 대변으로 제거하고 대변에 있던 유리한 차이를 차변으로 제거했다. 그리고 그 차이를 영업외비용으로 처리한 것이다.

(2) 매출원가조정법

원가차이가 정상적이고 그 금액이 중요하지 않을 때 사용하는 방법이다. 불리한 차이는 매출원가에 가산하고, 유리한 차이는 매출원가에 차감한다. 따라서 이 방법에서는 재고자산은 계속 표준원가로 기록되나 매출원가는 실제원가에 가깝게 수정된다. 차변에 있던 불리한 차이를 대변으로 제거하고 대변에 있던 유리한 차이를 차변으로 제거했다. 그리고 그 차이(순액)를 매출원가로 처리한 것이다. 즉, 불리한 차이 순액₩4,000(5,000−1,000)만큼 매출원가가 증가하여 영업이익이 감소하였다.

(차)	직접노무비 가격차이	1,000	(대)	직접재료비 능률차이	5,000
	매출원가	4,000			

차변에 있던 불리한 차이를 대변으로 제거하고 대변에 있던 유리한 차이를 차변으로 제거했다. 그리고 그 차이(순액)를 매출원가로 처리한 것이다. 즉, 불리한 차이 순액₩4,000(5,000−1,000)만큼 매출원가가 증가하여 영업이익이 감소하였다.

(3) 총원가비례법

원가차이가 정상적이며 그 금액이 중요한 경우에 사용하는 방법이다. 이 방법에서는 불리한 차이만큼 기말재고자산과 매출원가를 증가시키고, 유리한 차이만큼 기말재고자산과 매출원가를 감소시킨다. 따라서 조정 후에는 재고자산과 매출원가는 표준원가로 기록되지 않고 모두 실제원가에 가까운 금액으로 수정된다.

원가차이의 배분를 총원가에 비례하여 배분하면 다음과 같다.

	재공품	제품	매출원가	계
직접재료비능률차이	1,000(0.2)	1,500(0.3)	2,500(0.5)	5,000(1.0)
직접노무비 가격차이	(200)(0.2)	(300)(0.3)	(500)(0.5)	(1,000)(1.0)
	800	1,200	2,000	4,000

원가차이를 조정하는 분개를 하면 다음과 같다.

(차)	직접노무비 가격차이	1,000	(대)	직접재료비 능률차이	5,000
	재 공 품	800			
	제 품	1,200			
	매출원가	2,000			

차변에 있던 불리한 차이를 대변으로 제거하고 대변에 있던 유리한 차이를 차변으로 제거했다. 그리고 직접재료비 능률차이와 직접노무비 가격차이를 기말재공품과 제품 및 매출원가의 총액을 기준으로 안분하였다. 불리한 차이 순액만큼 기말재고자산은 증가하고 매출원가도 증가하였다.

(4) 원가요소비례법

원가차이를 원가요소에 비례하여 배분하면 다음과 같다.

	재공품	제 품	매출원가	계
직접재료비 능률차이	1,000(0.2)	1,000(0.2)	3,000(0.6)	5,000(1.0)
직접노무비 가격차이	(100)(0.1)	(300)(0.3)	(600)(0.6)	(1,000)(1.0)
	900	700	2,400	4,000

각각의 원가차이에 대하여 적용하는 비율이 다르다. 직접재료비의 원가차이는 직접재료비의 비율로 직접노무비의 원가차이는 직접노무비의 비율로 배분한다.

원가차이를 조정하는 분개를 하면 다음과 같다. 차변에 있던 직접재료비 능률차이(불리)를 대변으로 제거하고 그 금액을 기말 재공품과 제품 및 매출원가에 포함되어 있는 원가요소의 비율로 배분하고, 대변에 있던 직접노무비 가격차이(유리)를 차변으로 제거하고 그 금액을 기말 재공품과 제품 및 매출원가에 포함되어 있는 원가요소의 비율로 배분한다. 총원가비례법과는 달리 원가요소별로 발생한 원가차이를 기말재고자산과 매출원가에 포함되어 있는 원가요소에 비례하여 배분한다.

(차)	직접노무비 가격차이	1,000	(대)	직접재료비 능률차이	5,000
	재공품	900			
	제 품	700			
	매출원가	2,400			

차변에 있던 직접재료비 능률차이(불리)를 대변으로 제거하고 그 금액을 기말 재공품과 제품 및 매출원가에 포함되어 있는 원가요소의 비율로 배분하고, 대변에 있던 직접노무비 가격차이(유리)를 차변으로 제거하고 그 금액을 기말 재공품과 제품 및 매출원가에 포함되어 있는 원가요소의 비율로 배분한다. 총원가비례법과는 달리 원가요소별로 발생한 원가차이를 기말재고자산과 매출원가에 포함되어 있는 원가요소에 비례하여 배분한다.

제5절 배합차이와 수율차이

제품을 생산하는 데 한 종류의 원재료나 한 종류의 노동력이 투입되는 경우에는 지금까지 공부한 것처럼 원가요소별로 차이분석을 하면 된다. 즉, 가격차이와 능률차이를 구분하여 분석하면 된다. 그런데 서로 상호대체가 가능한 두 종류 이상의 생산요소가 투입되어 제품을 생산하는 경우에는 차이분석을 보다 세분하여 한다. 즉, 능률차이를 배합차이와 수율차이로 구분하여 분석한다. 수량을 실제투입량으로 고정시킨 상태에서 실제배합비율과 표준배합비율의 차이를 배합차이라 하고, 배합을 표준배합비율로 고정시킨 상태에서 실제투입량과 표준투입량의 차이를 수율차이라 한다. 배합차이가 유리하다는 것은 상대적으로 저렴한 생산요소를 많이 사용하였다는 것이다. 즉, 대체 가능한 생산요소 중에서 싼 재료나 싼 노동력을 표준배합보다 많이 사용하였다면 배합차이가 유리해 진다. 여기서 수율이란 생산요소의 투입량에 대한 제품산출량의 비율을 말한다. 즉, 「수율＝산출량÷투입량」 이다.

배합차이와 수율차이를 분석할 때 주의할 점은 다음과 같다.

첫째, 배합차이와 수율차이는 능률차이를 세분한 것이므로 분석할 때 적용되는 가격은 표준가격이라는 것에 주의하여야 한다.

둘째, 상호대체 가능한 두 종류 이상의 생산요소가 투입되는 경우라야 분석의 의미가 있다. 만약 투입비율이 고정되어 있고 변화될 수 없는 것이라면 분석의 의미가 없다.

예제 2 배합차이와 수율차이

진수(주)는 두 종류의 원재료 A와 B를 투입하여 단일제품을 생산하고 있다. 제품 1단위를 생산하는데 투입되는 원재료 수량표준과 가격표준은 다음과 같다.

원재료	물 량		kg당 가격	재료비
A	1.2kg	(60%)	₩3,000	₩3,600
B	0.8kg	(40%)	2,000	1,600
계	2.0kg	(100%)		₩5,200

진수(주)는 한 달 동안 원재료 500Kg을 사용하여 제품 240단위를 생산하였으며, 그 내역은 다음과 같았다. 단, 원재료 기초재고와 기말재고는 없는 것으로 가정한다.

원재료	투입물량		kg당 가격	재료비
A	325kg	(65%)	₩3,100	₩1,007,500
B	175kg	(35%)	2,400	420,000
계	500kg			₩1,427,500

요구사항

직접재료비 능률차이를 배합차이와 수율차이로 세분하시오.

해 답

직접재료비 배합차이와 수율차이

원재료	AQ × SP		AQ* × SP		SQ × SP	
A	325×3,000 = 1,007,500		500×0.6×3,000 = 900,000		480×0.6×3,000 = 864,000	
B	175×2,000 = 350,000		500×0.4×2,000 = 400,000		480×0.4×2,000 = 384,000	
계	500	₩1,325,000	500	₩1,300,000	480	₩1,248,000

배합차이 ₩25,000(U)　　수율차이 ₩52,000(U)

능률차이 ₩77,000(U)

문제 1 차이분석 기본문제

구리선을 이용하여 스피커용 케이블을 만드는 어람(주)은 최근에 표준원가계산을 도입하였다. 케이블의 주원재료인 구리선은 매월초 다수의 공급자와 협상하여 한 달간의 예상 생산량을 계산하여 외부구입하고 있다. 다음은 7월의 원가계산 자료이다.

(1) 케이블 1m당 표준원가

	표준수량	표준가격	표준원가
구리선	1.2m	₩3,000/m	₩3,600
직접노동시간	0.5시간	₩20,000/시간	₩10,000
제조간접비	0.5시간	₩80,000/시간	₩40,000

(2) 회사는 7월초 500m의 구리선을 ₩1,470,000에 구입하였으며 7월의 실제 원재료 투입량은 480m이다. 한편 7월의 생산량은 케이블 380m이며, 실제 발생한 노무비는 ₩5,000,000이었으며, 실제 노동시간은 250시간이다.

(3) 제조간접비는 변동비와 고정비가 2 : 3의 비율로 구성되어 있다. 매월의 고정제조간접비예산은 ₩10,000,000이며 7월 한 달간 실제 발생한 변동제조간접비는 ₩5,000,000이고 고정제조간접비는 ₩9,800,000이다.

(4) 회사는 원재료계정을 항상 표준원가로 기록하고자 한다.

요구사항

1. 원재료 구입가격차이와 능률차이

2. 직접노무비 가격차이이와 능률차이

3. 변동제조간접비 소비차이와 능률차이

4. 고정제조간접비 소비차이와 조업도차이

5. 회사의 사장은 7월의 표준원가계산 결과를 보고 받고 나서 직접재료비의 능률차이가 불리하므로 생산담당자를 문책하였다. 그러나 생산담당자는 한쪽에서의 불리한 차이는 다른 쪽에서의 유리한 차이를 제공할 수 있다고 주장하였다. 생산담당자의 주장에 대하여 당신의 견해를 기술하시오.

해답

1.

AQ×AP	AQ×SP	SQ×SP
1,470,000	500×3,000 = 1,500,000	
	480×3,000 = 1,440,000	380×1.2×3,000 = 1,368,000

구입가격차이 30,000(F)

능률차이 72,000(U)

2.

AQ×AP	AQ×SP	SQ×SP
5,000,000	250×20,000 = 5,000,000	380×0.5×20,000 = 3,800,000

가격차이 0　　능률차이 1,200,000(U)

3.

AQ×AP	AQ×SP	SQ×SP
5,000,000	250×32,000[1)] = 8,000,000	380×0.5×32,000 = 6,080,000

소비차이 3,000,000(F)　　능률차이 1,920,000(U)

1) 80,000×0.4 = 32,000

1.

실 제	예 산	배 부
9,800,000	10,000,000	380×0.5×48,000[2)] = 9,120,000

소비차이 200,000(F)　　조업도차이 880,000(U)

2) 80,000×0.6 = 48,000

5. 회사의 생산과정은 유기적인 관계를 가지고 있다. 이는 한쪽에서의 효율이 다른 쪽에서의 비효율을 야기할 수 있다는 말을 의미한다. 이 문제에서 보면 유리한 직접재료비 구입가격차이가 불리한 직접재료비 능률차이를 야기할 수도 있다. 왜냐하면, 구매담당자가 지나치게 구입가격에만 집착한 나머지 품질이 떨어지는 저가의 재료를 구입할 경우 원재료의 단가는 낮아져 구입가격차이는 유리하게 되나, 이는 곧 생산성의 비효율을 야기시켜 직접재료비 능률차이를 불리하게 할 수도 있는 것이다. 따라서 생산담당자의 주장은 일리가 있다.

문제 2 직접노무비 능률차이의 세분 : 배합차이, 수율차이

어람(주)는 두 종류의 노동력을 투입하여 단일제품을 생산하고 있다.
제품 1단위(1.5kg)를 생산하는데 필요한 표준원가는 다음과 같다.

노동력	표준시간	임 률	노무비
숙 련 공	4시간(1/3)	₩2,000	₩8,000
미숙련공	8시간(2/3)	800	6,400
계	12시간(3/3)		₩14,400

어람(주)는 한 달 동안 총 2,700직접노동시간을 투입하여 제품 360kg을 생산하였다.
관련 자료는 다음과 같다.

노동력	투입시간	임 률	노무비
숙련공	1,080시간(40%)	₩2,100	₩2,268,000
미숙련공	1,620시간(60%)	1,000	1,620,000
계	2,700시간		₩3,888,000

요구사항

1. 직접노무비 가격차이를 구하시오.
2. 직접노무비 능률차이를 구하시오.
3. 직접노무비 배합차이와 수율차이를 구하시오.
4. 이 문제에서 배합차이가 갖는 의미는 무엇인가?
5. 직접노무비 능률차이는 생산부서장이 책임을 지지만 임률차이는 책임을 지지 않는 것이 일반적이다. 그 이유를 간략히 설명하시오.

해답

1. 2.

	AQ×AP	AQ×SP	SQ×SP
숙련공	1,080×2,100 = 2,268,000	1,080×2,000 = 2,160,000	360÷1.5×4×2,000 = 1,920,000
미숙련공	1,620×1,000 = 1,620,000	1,620× 800 = 1,296,000	360÷1.5×8×800 = 1,536,000
	3,888,000	3,456,000	3,456,000

가격차이 432,000(u) 능률차이 0

실제산출량 240(360kg÷1.5)단위를 생산하기 위하여 허용된 투입량(SQ)을 파악해야 한다. 즉, 240단위를 생산하기 위해서는 숙련공 단위당 4시간 미숙련공 단위당 8시간이 필요하므로 SQ는 숙련공은 240×4 = 960시간, 미숙련공은 240×8 = 1,920시간이다.

달리 표현하면 실제산출량 240단위를 생산하기 위해서는 총 240×12 = 2,880시간이 필요하다. 이 중 숙련공이 2,880×1/3 = 960시간, 미숙련공이 2,880×2/3 = 1,920시간이다.

3.

	AQ×SP	AQ×SP	SQ×SP
숙 련 공	1,080×2,000 = 2,160,000	2,700×1/3×2,000 = 1,800,000	1,920,000
미숙련공	1,620×800 = 1,296,000	2,700×2/3×800 = 1,440,000	1,536,000
	3,456,000	3,240,000	3,456,000

배합차이 216,000(U) 수율차이 216,000(F)

4. 이 문제에서는 배합차이가 ₩216,000 불리하다. 배합차이가 불리하다는 것은 상대적으로 비싼 생산요소를 표준배합비율보다 더 많이 사용했다는 의미이다. 즉, 상호대체적인 생산요소 중에서 상대적으로 비싼 생산요소(숙련공)를 표준배합비율보다 더 많이 사용했다는 뜻이다.

5. 임률을 결정하는 것은 회사의 최고경영자의 권한이다. 그러므로 생산담당자는 임률차이에 대하여는 일반적으로 책임을 지지 않는다. 권한(통제권)이 없으면 책임도 없다.

문제 3 차이분석 추정

다음의 세 회사는 표준원가계산제도를 사용하고 있다. 이들 회사는 직접노동시간을 기준으로 하여 제조간접비를 배부하고 있으며, 변동예산은 표준직접노동시간을 기준으로 하여 작성된다. 다음은 이들 회사의 10월 자료이다.

	A 회사	B 회사	C 회사
(1) 실제생산량(제품)	6,500개	6,500개	(①)
(2) 실제변동제조간접비	(①)	(①)	5,000,000
(3) 실제고정제조간접비	(②)	95,000	3,900,000
(4) 실제직접노동시간	(③)	50,000	(②)
(5) 제품 1단위 생산에 허용된 표준직접노동시간	(④)	8시간	5시간
(6) 실제생산량에 허용된 표준직접노동시간	26,000시간	(②)	(③)
(7) 기준조업도(직접노동시간)	(⑤)	(③)	(④)
(8) 변동제조간접비 배부율	₩35/시간	(④)	₩25/시간
(9) 고정제조간접비 배부율	(⑥)	(⑤)	₩20/시간
(10) 변동제조간접비 배부액	(⑦)	(⑥)	(⑤)
(11) 고정제조간접비 배부액	(⑧)	(⑦)	(⑥)
(12) 제조간접비 배부차이	(⑨)	(⑧)	350,000불리
(13) 변동제조간접비 소비차이	52,000불리	5,000유리	250,000유리
(14) 변동제조간접비 능률차이	0	6,000유리	(⑦)
(15) 고정제조간접비 소비차이	27,000불리	5,000불리	(⑧)
(16) 고정제조간접비 조업도차이	39,000불리	14,000유리	(⑨)
(17) 고정제조간접비예산	(⑩)	(⑨)	(⑩)
(18) *변동제조간접비예산	(⑪)	(⑩)	(⑪)
(19) *제조간접비예산합계	₩1,963,000	(⑪)	₩8,750,000

* 실제생산량에 허용된 표준직접노동시간을 기준으로 함

요구사항

각 회사별로 위의 빈칸에 적절한 숫자를 기입하시오.

해답

■ A 회사

	AQ×AP	AQ×SP	SQ×SP
변동제조간접비	26,000×37 = 962,000	6,500×4×35 = 910,000	6,500×4[1]×35 = 910,000
	소비차이 52,000(U)		능률차이 0

	실 제	예 산	배 부
고정제조간접비	1,080,0000	27,000×39 = 1,053,000	6,500×4×39 = 1,014,000
	소비차이 27,000(U)		조업도차이 39,000(U)

1) 제품 1단위 생산에 허용된 표준직접노동시간 = $\frac{26,000}{6,500}$ = 4시간

고정제조간접비예산 = ₩1,963,000－₩910,000 = ₩1,053,000

이런 종류의 문제를 풀이 할 때는 먼저 전체 틀을 만든 다음에 주어진 자료부터 하나씩 대입하고 나서 아는 것부터 해결해 나가야 한다. 번호순서와 풀이 순서가 일치하지 않는 경우가 대부분이다. 그리고 지면 관계상 위와 같이 풀이했지만 제조간접비를 전체적으로 분석할 때는 다음과 같이 이해하는 것이 더 좋다. 즉, 산출기준 변동예산에 해당하는 것은 변동제조간접비에서는 'SQ×SP'이고 고정제조간접비에서는 '예산'이다.

	실 제	투입기준 변동예산	산출기준 변동예산	배 부
변동제조간접비	AQ×AP	AQ×SP	SQ×SP	배 부
고정제조간접비	실 제	예 산	예 산	배 부

변동제조간접비는 SQ×SP와 배부액이 같으므로 조업도차이가 없고, 고정제조간접비는 능률차이가 없으므로 투입기준 예산과 산출기준 예산이 같다.

①	₩962,000	⑤	27,000시간	⑨	₩118,000	불리
②	₩1,080,000	⑥	₩39/시간	⑩	₩1,053,000	
③	26,000시간	⑦	₩910,000	⑪	₩910,000	
④	4시간	⑧	₩1,014,000			

■ B 회사

	AQ×AP	AQ×SP	SQ×SP
변동제조간접비	₩145,000	50,000×3[2] = 150,000	6,500×8×3 = 156,000
	소비차이 5,000(F)		능률차이 6,000(F)

	실 제	예 산	배 부
고정제조간접비	₩95,000	45,000×2 = 90,000	6,500×8×2 = 104,000
	소비차이 5,000(U)		조업도차이 14,000(F)

2) AQ(50,000시간)과 SQ(6,500×8 = 52,000시간)의 차이는 2,000시간이다.
2,000시간에 대한 능률차이가 ₩6,000이므로 SP는 ₩3이다.
이를 수식으로 나타내면 다음과 같다.
(50,000×SP) − (52,000×SP) = −₩6,000 ∴ SP = ₩3

①	₩145,000	⑤	₩2/시간	⑨	₩90,000
②	₩52,000시간	⑥	₩156,000	⑩	₩156,000
③	₩45,000시간	⑦	₩104,000	⑪	₩246,000
④	₩3/시간	⑧	₩20,000 유리		

■ C 회사

	AQ×AP	AQ×SP	SQ×SP
변동제조 간 접 비	5,000,000	210,000×25 = 5,250,000	38,000[3]×5×25 = 4,750,000
	소비차이250,000(F)		능률차이 500,000(U)

	실 제	예 산	배 부
고정제조 간 접 비	3,900,000	200,000×20 = 4,000,000	38,000×5×20 = 3,800,000
	소비차이 100,000(F)		조업도차이 200,000(U)

A 회사에서 설명한 것처럼 전체 틀을 만들고 필요한 부분은 하나씩 찾아내야 한다. 이 문제의 핵심은 실제생산량을 찾는 것인데 아래와 같이 분석을 해야만 찾을 수 있다. 명심할 것은 전체 틀을 만들지 않으면 풀 수 없다는 것이다.

*	실 제	배 부
	AQ×AP	배 부
변동제조간접비	5,000,000	Q×5×25
고정제조간접비	3,900,000	Q×5×20
	8,900,000	8,550,000

배부차이 350,000불리

$\therefore$ Q×5×25+Q×5×20 = 8,550,000

Q = 38,000개

①	38,000개	⑤	₩4,750,000		⑨	₩200,000	불리
②	210,000시간	⑥	₩3,800,000		⑩	₩4,000,000	
③	190,000시간	⑦	₩500,000	불리	⑪	₩4,750,000	
④	200,000시간	⑧	₩100,000	유리			

문제 4 원가차이의 안분

어람(주)는 표준전부원가계산 시스템을 사용하고 있다. 다음은 20×1년 12월 31일의 수정전 계정 잔액이다.

기말 직접재료재고	₩90,000	
기말 재공품	200,000	
기말 제품	300,000	
매출원가	500,000	
직접재료비 가격차이	20,000	불리
직접재료비 능률차이	10,000	불리
직접노무비 가격차이	15,000	불리
직접노무비 능률차이	8,000	불리
제조간접비표준배부액	₩250,000	

회사는 직접재료비 가격차이를 재료가 구입되었을 때 분리한다. 재공품, 제품 및 매출원가에는 같은 비율의 직접재료비, 직접노무비, 제조간접비의 표준원가가 포함되어있다. 직접재료비는 재공품, 제품, 매출원가의 40%를 차지하고 있으며 기초재고자산은 없다. 제조간접비 실제발생액은 ₩280,000이다. 원가요소비례법으로 원가차이를 배분한다.

요구사항

1. 모든 원가차이를 배부하는 표를 작성하시오.

2. 원가차이를 배분하는 분개를 제시하시오.

3. 원가차이를 배분한 후의 재공품, 제품, 매출원가는 얼마인가?

4. 재공품, 제품, 매출원가의 수정전 계정잔액에 포함된 직접노무비는 각각 얼마인가?

해답

1. (1) 배분비율

	원재료	직접재료비 능률차이	재 공 품	제 품	매출원가	합 계
직접재료비 가격차이	₩90,000	₩10,000	₩80,000	₩120,000	₩200,000	₩500,000
	18%	2%	16%	24%	40%	100%
직접재료비 능률차이			₩80,000	₩120,000	₩200,000	₩400,000
			20%	30%	50%	100%
가공비차이			₩120,000	₩180,000	₩300,000	₩600,000
			20%	30%	50%	100%

(2) 원가차이배분

	원재료	직접재료비 능률차이	재공품	제 품	매출원가	합 계
직접재료비 가격차이	₩3,600	₩400	₩3,200	₩4,800	₩8,000	₩20,000
직접재료비 능률차이		(400)	2,080	3,120	5,200	10,000
노무비 가격차이			3,000	4,500	7,500	15,000
노무비 능률차이			1,600	2,400	4,000	8,000
제조간접비			6,000	9,000	15,000	30,000
합 계	₩3,600	₩0	₩15,880	₩23,820	₩39,700	₩83,000

2.

(차)		(대)	
원 재 료	3,600	직접재료비 가격차이	20,000
재 공 품	15,880	직접재료비 능률차이	10,000
제 품	23,820	직접노무비 가격차이	15,000
매출원가	39,700	직접노무비 능률차이	8,000
		제조간접비 부족배부	30,000

3.

	원재료	재공품	제품	매출원가
조정전 금액	90,000	200,000	300,000	500,000
원가차이 배분액	3,600	15,880	23,820	39,700
조정후 금액	93,600	215,880	323,820	539,700

4.

	재 공 품	제 품	매출원가	합 계	
직접재료비	② ₩80,000	₩120,000	₩200,000	₩400,000	(40%)
직접노무비	⑤ 70,000	105,000	175,000	④ 350,000	(35%)
제조간접비	50,000	75,000	125,000	③ 250,000	(25%)
합 계	①₩200,000	₩300,000	₩500,000	₩1,000,000	

재공품, 제품, 매출원가계정이 모두 같은 비율의 원가요소를 포함하고 있으며, 제조원가중 직접재료비의 비율이 40%이라고 문제상에 주어져 있다. 이와 같은 문제를 풀이 하려면 전체 표를 작성한 후에 아는 정보부터 적어 넣어야 한다.

① 각 계정금액은 주어졌으므로 합계를 먼저 작성하고 ② 합계의 40%가 직접재료비이므로 각 계정의 직접재료비를 결정한다. ③ 제조간접비표준배부액이 ₩250,000이므로 합계의 제조간접비란에 ₩250,000을 기입하면 ④ 직접노무비 합계 ₩350,000이 도출된다. ⑤ ₩350,000을 계정합계를 기준으로 각 계정에 배분한다.

₩350,000×(200,000÷1,000,000) = ₩70,000

한편, 직접노무비를 산정할 때 ₩350,000을 배분하지 않고 구성요소 비율을 이용해서 구할 수도 있다.

₩200,000×0.35 = ₩70,000

Chapter 9

전부원가계산과 변동원가계산

제1절 개요

제2절 이익차이의 조정

제3절 초변동원가계산

제1절 개요

1 전부원가계산과 변동원가계산의 의의

2장에서 언급한 것처럼 원가계산방법은 생산형태나, 원가측정시점이나, 제품원가의 범위에 따라 다양하다. 생산형태와 관련하여 4장에서 개별원가계산과 5장에서 종합원가계산을 공부하였고, 원가측정시점과 관련해서는 8장에서 표준원가계산을 공부했다. 이 장에서는 제품원가의 범위와 관련해서 전부원가계산과 변동원가계산을 공부하고자 한다. 지금까지는 변동제조원가(직접재료비, 직접노무비, 변동제조간접비)와 고정제조원가(고정제조간접비)를 모두 제품원가의 구성요소로 간주하여 제품원가를 계산하였다. 이와 같이 변동제조원가와 고정제조원가 모두(전부)를 제품원가의 구성요소로 인식하는 것을 전부원가계산이라 하고, 변동제조원가만을 제품원가의 구성요소로 인식하는 것을 변동원가계산이라 한다.

[그림 9-1] 원가계산제도의 분류

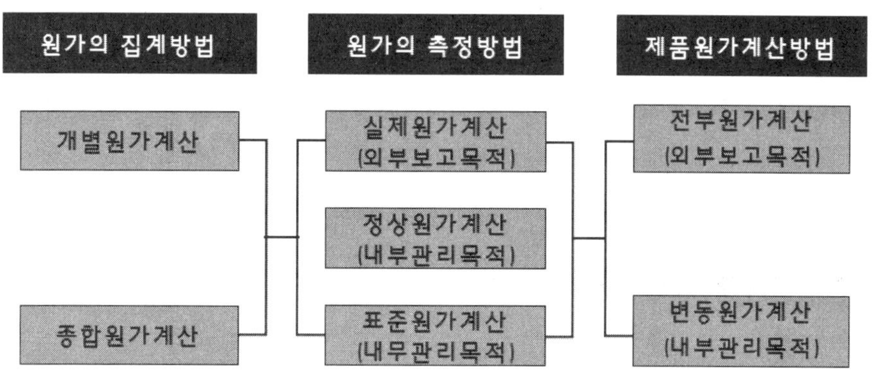

1) 전부원가계산

전부원가계산(full costing)은 직접재료비, 직접노무비, 변동제조간접비는 물론 고정제조간접비도 제품원가에 포함시키는 원가계산방법이다. 이는 모든 원가를 포함(흡수)한다는 의미에서 흡수원가계산(absorption costing)이라고도 한다. 전부원가계산의 논거는 특정 기간의 생산활동과 관련하여 발생한 모든 원가를 그 기간의 제품원가에 포함시켜야 한다는 것이다. 즉, 고정제조간접비도 제품제조에 필수적으로 발생하는 원가이므로 제품원가에 포함시켜야 한다는 것이다. 고정제조간접비는 제품이 외부에 판매되는 시점에서 매출원가로 비용화된다. 전부원가계산에 의하여 계산된 제품원가는 외부보고용 재무제표를 작성하거나 법인세를 결정하는 과정에 사용된다. 즉, 재무상태표에 나타나는 재고자산은 전부원가계산을 적용하여 산출한 값이다.

2) 변동원가계산

변동원가계산(variable costing)은 생산량의 변화에 따라 직접적으로 변동하는 변동제조원가만을 제품원가에 포함시키고 고정제조간접비는 기간비용으로 처리하는 원가계산방법이다. 변동원가계산의 논거는 고정제조간접비는 특정 제품의 제조와 관계없는 생산설비에서 주로 발생하는 원가로써 단순히 시간의 경과에 의해서 원가가 발생하므로 판매비와일반관리비처럼 재고가능원가에서 제외하여 제품원가에는 포함하지 말아야 한다는 것이다. 즉, 당기에 고정제조간접비가 발생하더라도 미래에 발생할 고정제조간접비를 회피할 수 없으므로 고정제조간접비는 제품원가가 아니고 기간비용으로 처리해야한다는 것이다. 변동원가계산에 의해 계산된 제품원가는 주로 계획과 통제의 관점에서 내부관리목적으로 사용된다.

2 전부원가계산과 변동원가계산의 비교

전부원가계산과 변동원가계산은 제품원가를 구성하는 요소에 차이가 있다. 그로인해서 손익계산서 양식에도 차이가 있고, 이익에 미치는 영향도 다르다. 이하에서는 제품원가의 구성요소와 손익계산서 양식 및 이익에 미치는 영향을 설명하고자 한다.

1) 제품원가의 구성요소

[그림 9-2] 제품원가의 구성요소 비교

원 가 유 형	변동원가계산	전부원가계산
직 접 재 료 비	제품원가	제품원가
직 접 노 무 비	제품원가	제품원가
변동제조간접비	제품원가	제품원가
고정제조간접비	기간비용	제품원가
변 동 판 관 비	기간비용	기간비용
고 정 판 관 비	기간비용	기간비용

전부원가계산에서는 변동제조원가든 고정제조원가든 모든 제조원가를 제품에 부과 및 배부하여 제품원가계산에 포함시킨다. 따라서 직접재료비, 직접노무비, 변동제조간접비, 고정제조간접비가 모두 제품에 부과 및 배부되어 제품원가를 구성하게 되며, 판매관리비는 발생 즉시 당기비용으로 처리된다. 그러나 변동원가계산에서는 단지 변동제조원가만을 제품에 부과하고, 고정제조간접비는 판매관리비와 함께 기간비용으로 처리된다. 따라서 고정제조간접비가 전부원가계산에서는 제품원가이나 변동원가계산에서는 기간비용으로 처리된다. 결국 두 방법의 차이는 고정제조간접비를 제품원가로 볼 것인가 기간비용으로 볼 것인가의 문제이다. 두 방법에서 제품원가의 구성요소를 분류하여 정리하면 다음 [그림 9-2]와 같다.

전부원가계산과 변동원가계산에서 제품원가의 구성과 비용화되는 과정을 재무제표와 연결하여 보면 다음 [그림 9-3]과 같다.

[그림 9-3] 전부원가계산과 변동원가계산에서 원가의 비용화 과정

•전부원가계산

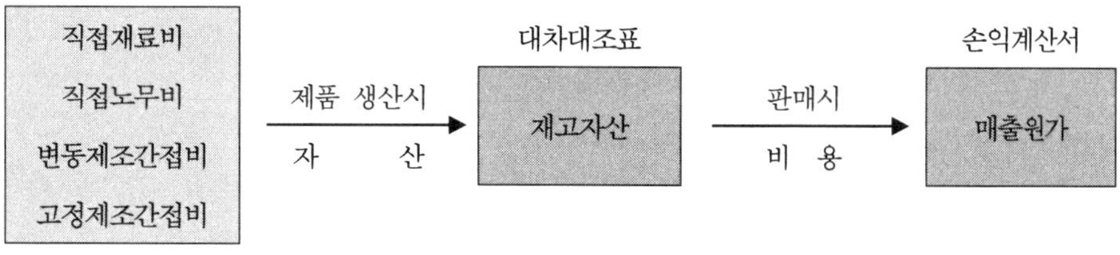

• 변동원가계산

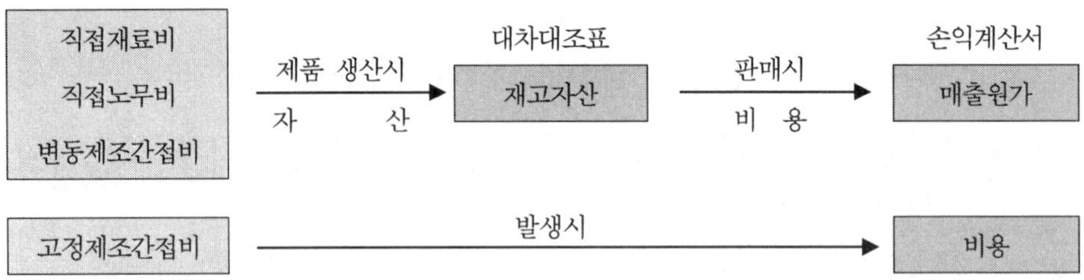

앞에서도 언급하였듯이 두 방법의 차이는 고정제조간접비를 제품원가로 보아 재고자산에 포함시켰다가 판매시에 비용처리할 것인가 아니면 발생기간의 기간비용으로 처리할 것인가이다.

2) 손익계산서 양식

전부원가계산의 손익계산서양식에서는 원가가 제품원가와 기간비용으로 분류되어 있다. 즉, 매출에서 먼저 매출원가를 차감하여 매출총이익을 산출하고 매출총이익에서 판매관리비를 차감하여 순이익을 산출하는데 여기서 매출원가는 판매된 상품의 제조원가를 의미하고 판매관리비는 기간비용을 의미한다. 전부원가계산에서는 원가의 기능적 분류를 강조하기 때문에 원가를 생산과 관련된 제품원가와 생산과 관련없는 기간비용으로 구분한다.

변동원가계산의 손익계산서양식에서는 원가가 변동비와 고정비로 분류되어 있다. 즉, 매출에서 먼저 변동비를 차감하여 공헌이익을 산출하고 공헌이익에서 고정비를 차감하여 순이익을 산출한다. 변동원가계산은 전부원가계산과는 달리 원가의 행태적 분류를 강조한다. 여기서 주의 할 점은 변동비와 고정비는 제조원가만을 의미하는 것이 아니라 판매관리비도 포함하고 있다는 것이다. 즉, 변동비는 변동제조원가뿐아니라 변동판매관리비를 포함한 것이며, 고정비는 고정제조간접비뿐아니라 고정판매관리비도 포함하고 있다는 것이다. 변동원가계산 손익계산서를 공헌이익손익계산서라고도 한다. 두 방법에서의 손익계산서양식을 비교하면 다음 [표 9-1]와 같다.

[표 9-1] 전부원가계산과 변동원가계산의 손익계산서양식

변동원가계산[공헌이익손익계산서]		
매출액		×××
변동원가		
변동매출원가	×××	
변동판매관리비	×××	×××
공헌이익		×××
고정원가		
고정제조간접비	×××	
고정판매관리비	×××	×××
영업이익		×××

전부원가계산[기능적손익계산서]		
매출액		×××
매출원가		
기초재고	×××	
당기제품제조원가	×××	
기말재고	×××	×××
매출총이익		×××
판매관리비		×××
영업이익		×××

3) 이익에 미치는 영향

전부원가계산에서는 고정제조간접비 중에서 판매된 것에 포함된 것은 매출원가로 비용화 되지만 판매되지 않은 것에 포함된 것은 비용화되지 않고 기말재고자산으로 남게 된다. 따라서 기말재고자산에 포함된 고정제조간접비 만큼 전부원가계산에 의한 이익이 변동원가계산에 의한 이익보다 크다. 한편, 기말재고자산은 다음 기에 기초재고자산이 된다. 당기 말에 기말재고자산에 포함된 고정제조간접비는 다음 기에 기초재고자산이 되어 판매되므로 다음 기에 비용화 된다. 즉, 변동원가계산에 의한 영업이익과 비교하여 보면 전부원가계산에서는 기말재고자산에 포함된 고정제조간접비만큼 영업이익이 크고, 기초재고자산에 포함된 고정제조간접비만큼 영업이익이 작다.

간단하게 정리해 보면 생산량이 판매량보다 커서 기초재고량보다 기말재고량이 증가하면 전부원가계산에 의한 이익이 변동원가계산에 의한 이익보다 크다. 더 간단하게 정리하면 재고가 증가하면 전부원가이익이 더 크다.

[표 9-2] 전부원가계산과 변동원가계산의 순이익 비교

구분	재고자산에의 영향	비용화되는 고정제조간접비	순이익
생산량〉판매량	재고자산 증가	전부원가계산에서 비용화되는 고정제조간접비가 변동원가계산하에서 비용화되는 것보다 작음	전부원가순이익 〉 변동원가순이익
생산량〈판매량	재고자산 감소	전부원가계산에서 비용화되는 공정제조간접비가 변동원가계산하에서 비용화되는 것보다 큼	전부원가순이익 〈 변동원가순이익
생산량=판매량	재고자산 동일	전부원가계산에서 비용화되는 고정제조간접비 변동원가계산하에서 비용화되는 것과 동일	전부원가순이익 = 변동원가순이익

3 변동원가계산의 유용성과 한계점

변동원가계산은 ① 손익분기점분석을 쉽게 적용할 수 있고, ② 순이익이 판매량에 의해서만 좌우되므로 성과평가에 유용하고, ③ 생산량 조절을 통한 이익조작을 방지하므로 과다한 재고누적을 방지할 수 있고, ④ 고정제조간접비를 배부하지 않기 때문에 고정제조간접비 배부차이가 발생하지 않는다는 장점이 있다.

반면, 변동원가계산은 ① 외부보고1 목적으로는 변동원가계산이 인정되지 않고, ② 모든 원가를 고정비와 변동비로 구분하는 것은 사실상 어우며, ③ 재고자산의 가치를 과소평가하고, ④ 고정제조간접비의 중요성을 간과하면 장기의사결정에 오류가 발생한다는 단접이 있다.

예제 1 변동원가계산과 전부원가계산의 비교

울산기업은 단일 제품을 생산하고 있으며, 제1회계연도에 기초재고는 없으며 생산은 25,000단위, 판매는 20,000단위였다. 단위당 판매가격은 30원이다. 제품생산과 관련하여 이용가능한 정보는 다음과 같다.

연간생산량	25,000
단위당 변동원가	
직접재료비, 직접노무비, 변동제조간접비	₩10
변동판매비와 관리비	3
연간 고정원가	
고정 제조간접비	150,000
고정 판매비와 관리비	100,000

➲ 요구사항

제1회계연도에 전부원가계산과 변동원가계산에 의한 제품원가를 계산하고, 각각의 손익계산서를 작성하시오.

➲ 해 답

(1) 단위당 제품원가의 결정

	전부원가계산	변동원가계산
직접제료비, 직접노무비, 변동제조간접비	₩10	₩10
고정제조간접비 [₩150,000 ÷ 25,000단위]	6	–
단위당 제품원가	₩16	₩10

(2) 전부원가계산 손익계산서(기능적 손익계산서)

매 출 액(20,000 × ₩30)		**₩600,000**
매 출 원 가		
기 초 재 고	**₩ 0**	
당기제품제조원가(25,000 × ₩16)	**400,000**	
기 말 재 고(5,000 × ₩16)	**(80,000)**	**(320,000)**
매출총이익		**280,000**
판매관리비		
변동 판매관리비(20,000 × ₩3)	**(60,000)**	
고정 판매관리비	**(100,000)**	**160,000**
영 업 이 익		**₩120,000**

(3) 변동원가계산 손익계산서(공헌이익손익계산서)

매 출 액[20,000 × ₩30]		₩600,000
변 동 원 가		
기 초 재 고	₩0	
당기제품제조원가[25,000 × ₩10]	250,000	
기 말 재 고[5,000 × ₩10]	[50,000]	
변 동 제 조 원 가	200,000	
변동 판매관리비[20,000 × ₩3]	60,000	[260,000]
공 헌 이 익		340,000
고 정 원 가		
고정제조간접비	150,000	
고정판매관리비	100,000	[250,000]
영 업 이 익		₩90,000

(4) 두 방법의 손익계산서 비교

전부원가계산	매 출 원 가	기 말 재 고	기 간 비 용	합 계
변동 제조간접비	₩200,000	₩50,000	-	₩250,000
고정 제조간접비	120,000	30,000	-	150,000
	₩320,000	₩80,000	-	₩400,000

변동원가계산	공헌이익	기말재고	기간비용	합 계
변동 제조간접비	₩200,000	₩50,000	-	₩250,000
고정 제조간접비	-	-	₩150,000	150,000
	₩200,000	₩50,000	₩150,000	₩400,000

제2절 이익차이의 조정

전부원가계산과 변동원가계산의 근본적인 차이는 고정제조간접비를 제품원가로 볼 것인가 아니면 기간비용으로 볼 것인가에 있다. 이 차이로 인하여 양 방법에서는 기말재고자산의 평가액이 다르고 또한 순이익에도 차이가 발생한다. 이하에서는 변동원가계산하의 이익을 전부원가계산하의 이익으로 조정하는 방법을 실제원가계산, 정상원가계산, 표준원가계산으로 나누어서 설명하고자 한다.

1 실제원가계산에서의 이익차이 조정

실제원가계산에서는 모든 원가가 실제원가로 측정되기 때문에 원가차이는 발생하지 않는다. 즉, 정상원가계산에서 발생할 수 있는 제조간접비 배부차이나 표준원가계산에서 발생할 수 있는 직접재료비, 직접노무비, 변동제조간접비, 고정제조간접비에 대한 각종 차이는 발생하지 않는다. 그러므로 전부원가계산하의 이익과 변동원가계산하의 이익은 실제원가에 기초하여 산출된 것이다. 양 방법하의 이익을 조정할 때는 기말과 기초재고자산에 포함되어 있는 고정제조간접비만 조정하면 된다. 양 방법하의 이익을 조정하는 방법은 다음과 같다.

순이익의 조정	변동원가계산의 당기순이익 +기말재고자산의 고정 제조간접비 -기초재고자산의 고정 제조간접비 =전부원가계산의 당기순이익

변동원가계산에서는 당기에 발생한 고정제조간접비를 기간비용으로 처리하였고, 전부원가계산에서는 당기에 발생한 고정제조간접비 중에서 판매된 것만 매출원가에 포함되어 비용으로 처리되었다. 그러므로 전부원가계산에서는 변동원가계산에 비하여 미판매분에 포함된 고정제조간접비만큼 비용이 작게 계상되어 이익이 커지게 된다.

따라서 변동원가계산하의 이익에서 전부원가계산하의 이익으로 조정하려면 기말재고자산에 포함된 고정제조간접비만큼 이익을 증가시켜야 한다. 기초재고자산은 반대 작용을 한다. 여기서 기말재고자산에 포함된 고정제조간접비라는 것은 당기 발생한 고정제조간접비 중에서 미판매되어 비용화되지 않은 것을 의미하며, 기초재고자산에 포함된 고정제조간접비라는 것은 전기에 발생한 고정제조간접비 중에서 당기에 판매되어 비용화된 것을 의미한다. 이익 차이 조정시 기말재고자산이라는 것은 제품재고만을 의미하는 것이 아니라 재공품재고도 포함한다. 왜냐하면 재공품에도 고정제조간접비가 포함되어 있으므로 기간비용으로 처리한 경우와 비교하면 이익에 영향을 미치기 때문이다. 물론 원재료재고는 포함되지 않는다. 원재료재고에는 고정제조간접비가 전혀 포함되어 있지 않기 때문이다.

2 정상원가계산에서의 이익차이 조정

정상원가계산에서는 제조간접비를 예정배부 한다. 정상전부원가계산에서는 변동제조간접비 뿐만아니라 고정제조간접비도 예정배부하기 때문에 변동제조간접비 뿐만아니라 고정제조간접비에서도 배부차이가 발생한다. 그러나 정상변동원가계산에서는 변동제조간접비만 예정배부하고 고정제조간접비는 실제발생한 원가를 기간비용으로 처리하기 때문에 고정제조간접비에서 배부차이가 발생하지 않는다.

전부원가계산에서 고정제조간접비 배부차이를 매출원가에서 전액 조정하는 경우라면 기말재고자산에 포함되어 있는 고정제조간접비 배부액을 제외한 모든 고정제조간접비가 당기에 비용화되기 때문에 기말재고자산에 배부되어 있는 고정제조간접비만 조정하면 변동원가계산 이익과 전부원가계산 이익의 차이가 조정된다. 그러나 배부차이를 매출원가에서 전액조정하지 않고 비례배분법을 사용하는 경우에는 배부차이 중에서 재고자산에 배분된 부분은 비용화되지 않고 재고자산으로 남게 되므로 기말재고에 포함된 고정제조간접비 배부액과 고정제조간접비 배부차이 중 기말재고에 재배분된 고정제조간접비 배부차이를 조정하여야 한다. 이상의 내용을 정리하면 다음과 같다.

1) 배부차이를 매출원가에 전액 배분하는 경우(매출원가조정법)

	변동원가계산하의 이익	xxx
+	기말재고자산에 포함된 고정제조간접비 배부액	xxx
−	기초재고자산에 포함된 고정제조간접비 배부액	xxx
	전부원가계산하의 이익	xxx

배부차이를 매출원가에 전액배부하기 때문에 배부차이가 이미 각각의 순이익을 계산하는 과정에 반영되어 있다. 그러므로 기말과 기초재고자산에 포함되어 있는 고정제조간접비 배부액만 조정하면 된다.

2) 배부차이를 매출원가와 기말재고자산에 비례배분하는 경우(비례배분법)

	변동원가계산하의 이익	xxx
+	기말재고자산에 포함된 고정제조간접비 배부액	xxx
+	기말재고자산에 배분된 고정제조간접비 배부차이	xxx
−	기초재고자산에 포함된 고정제조간접비 배부액	xxx
−	기초재고자산에 배분된 고정제조간접비 배부차이	xxx
	전부원가계산하의 이익	xxx

배부차이 중에서 매출원가에 재배분된 부분은 이미 각각의 순이익을 계산하는 과정에 반영되어 있다. 그러므로 기말과 기초재고자산에 포함되어 있는 고정제조간접비 배부액은 당연히 조정하고 또한 기말과 기초재고자산에 재배분된 고정제조간접비 배부차이도 조정하여야 한다. 전부원가계산과 변동원가계산 순이익 차이를 조정하기 위해서는 기말재고자산에 포함되어 있는 고정제조간접비배부액은 언제든지 조정하여야 한다. 그러나 고정제조간접비 배부차이는 회사에서 어떻게 회계처리(재배부)하느냐에 따라 조정이 달라진다. 매출원가에 전액 배분하는 경우에는 고정제조간접비배부차이가 모두 비용으로 처리되므로 이 부분은 조정할 필요가 없다. 그러나 비례배분법에 의하여 재배

분하는 경우에는 매출원가에 배분된 부분은 비용으로 처리되나 기말재고자산에 배분된 부분은 비용처리되지 않고 이연되기 때문에 이 부분은 조정하여야 한다.

3 표준원가계산에서의 이익조정

표준원가계산에서는 사전에 설정한 표준원가를 이용하여 제품원가계산을 한다. 표준전부원가계산에서는 직접재료비, 직접노무비, 변동제조간접비, 고정제조간접비에서 원가차이가 발생될 수 있고, 표준변동원가계산에서는 직접재료비, 직접노무비, 변동제조간접비에서 원가차이가 발생한다. 변동원가계산에서는 고정제조간접비는 발생하는 기간에 기간비용으로 처리하기 때문에 고정제조간접비는 원가차이가 발생하지 않는다.

표준원가계산에서 전부원가계산과 변동원가계산의 이익에 차이를 발생시키는 원인은 기말재고자산에 포함되어 있는 고정제조간접비 배부액과 고정제조간접비 원가차이이다. 양 방법의 순이익을 조정하기 위해서는 기말재고자산에 포함되어 있는 고정제조간접비는 당연히 조정하여야 하고, 고정제조간접비 원가차이는 원가차이를 어떻게 처리하느냐에 따라 조정방법이 달라진다.

1) 원가차이를 매출원가에 전액 배분하는 경우(매출원가조정법)

	변동원가계산하의 이익	×××
+	기말재고자산에 포함된 고정제조간접비 배부액	×××
−	기초재고자산에 포함된 고정제조간접비 배부액	×××
	전부원가계산하의 이익	×××

원가차이를 매출원가에 전액배부하기 때문에 원가차이가 이미 각각의 순이익을 계산하는 과정에 반영되어 있다. 그러므로 기말과 기초재고자산에 포함되어 있는 고정제조간접비 배부액만 조정하면 된다.

2) 원가차이를 매출원가와 기말재고자산에 비례배분하는 경우(비례배분법)

	변동원가계산하의 이익	×××
+	기말재고자산에 포함된 고정제조간접비 배부액	×××
+	기말재고자산에 배분된 고정제조간접비 원가차이	×××
−	기초재고자산에 포함된 고정제조간접비 배부액	×××
−	기초재고자산에 배분된 고정제조간접비 원가차이	×××
	전부원가계산하의 이익	×××

원가차이 중에서 매출원가에 재배분된 부분은 이미 각각의 순이익을 계산하는 과정에 반영되어 있다. 그러므로 기말과 기초재고자산에 포함되어 있는 고정제조간접비 배부액은 당연히 조정하고 또한 기말과 기초재고자산에 재배분된 고정제조간접비 원가차이도 조정하여야 한다. 변동원가계산에서는 고정제조간접비를 기간비용으로 처리하고 제품원가에 포함시키지 않기 때문에 제품원가를 계산하기 위하여 고정제조간접비를 배분할 필요가 없다. 그러므로 변동원가계산에서는 고정제조간접비 배부라는 개념자체가 존재하지 않으며 고정제조간접비 배부차이라는 것도 존재하지 않는다.

지금까지 설명한 내용을 정리하면 다음 [표 9-3]과 같다.[3)]

3) 정상원가계산이나 표준원가계산에서 배부차이나 원가차이를 매출원가에서 조정하는 경우에는 항상 이 모형에 따라 이익차이를 조정한다. 일반적인 문제에서는 배부차이나 원가차이를 매출원가에서 조정한다고 가정하고 있으므로 이 모형에 따라 이익차이를 조정하는 방법을 정확히 숙지하는 것이 중요하다.

[표 9-3] 전부원가계산과 변동원가계산의 비교

	전부원가계산	변동원가계산
① 주요목적	외 부 보 고 목 적	내 부 보 고 목 적
② 제품원가	직 접 재 료 비 직 접 노 무 비 변 동 제 조 간 접 비 고 정 제 조 간 접 비	직 접 재 료 비 직 접 노 무 비 변 동 제 조 간 접 비
③ 이익함수	순이익 = f (판매량, 생산량)	순이익 = f (판매량)
④ 이익의 크기	전기와 당기의 단위당 고정제조간접비가 동일할 때 재고수량이 증가하면 전부원가계산의 이익이 변동원가계산의 이익보다 크다.	
⑤ 원가차이 변동제조원가 고정제조간접비	 원가차이 발생 원가차이 발생	 원가차이 발생 –
⑥ 손익계산서양식	매출액 ××× 매출원가 ××× 매출총이익 ××× 판매관리비 ××× 영업이익 ×××	매출액 ××× 변동비 ××× 공헌이익 ××× 고정비 ××× 영업이익 ×××
⑦ 이익차이 조정1)	변동원가계산하의 이익 + 기말재고자산에 포함된 고정제조간접비 – 기초재고자산에 포함된 고정제조간접비 전부원가계산하의 이익	

예제 2 변동원가계산과 전부원가계산의 비교 2

[예제 1]에 이어 울산기업의 제2회계연도 생산에 대한 내용이다. 제2회계연도에 기초재고는 5,000단위이고, 생산은 25,000단위, 판매는 30,000단위였다. 단위당 판매가격은 30원이다. 제품 생산과 관련하여 이용가능한 정보는 다음과 같다.

연간생산량	25,000
단위당 변동원가	
직접재료비, 직접노무비, 변동제조간접비	₩10
변동판매비와 관리비	3
연간 고정원가	
고정 제조간접비	150,000
고정 판매비와 관리비	100,000

➲ 요구사항

제1회계연도에 전부원가계산과 변동원가계산에 의한 제품원가를 계산하고, 각각의 손익계산서를 작성하시오.

➲ 해 답

(1) 단위당 제품원가의 결정

	전부원가계산	변동원가계산
직접제료비, 직접노무비, 변동제조간접비	₩10	₩10
고정제조간접비 [₩150,000 ÷ 25,000단위]	6	–
단위당 제품원가	₩16	₩10

(2) 전부원가계산 손익계산서(기능적 손익계산서)

매 출 액(30,000 × ₩30)		₩900,000
매출원가		
기 초 재 고(5,000 × ₩16)	₩ 80,000	
당기제품제조원가(25,000 × ₩16)	400,000	
기 말 재 고	-	(480,000)
매출총이익		420,000
판매관리비		
변동 판매관리비(30,000 × ₩3)	(90,000)	
고정 판매관리비	(100,000)	190,000
영 업 이 익		₩230,000

(3) 변동원가계산 손익계산서(공헌이익손익계산서)

매 출 액(30,000 × ₩30)		₩900,000
변 동 원 가		
기 초 재 고(5,000 × ₩10)	₩50,000	
당기제품제조원가(25,000 × ₩10)	250,000	
기 말 재 고	-	
변 동 제 조 원 가	300,000	
변동 판매관리비(30,000 × ₩3)	90,000	(390,000)
공 헌 이 익		510,000
고 정 원 가		
고정제조간접비	150,000	
고정판매관리비	100,000	(250,000)
영 업 이 익		₩260,000

(4) 두 방법의 순이익 비교

원가계산방법	제1회계연도 [예제1]	제2회계연도 [예제2]	합 계
전부원가계산	₩120,000	₩230,000	₩350,000
변동원가계산	90,000	260,000	350,000

(5) 1회계연도와 2회계연도의 두 방법에 의한 순이익 비교

회계년도	생산량과 판매량	재고수준	변동원가계산 순이익과 전부원가계산 순이익의 관 계
제1기[예제1]	생산량 〉 판매량 25,000 〉 20,000	5,000단위 증가	전부원가계산 순이익 〉 변동원가계산 순이익
제2기[예제2]	생산량 〈 판매량 25,000 〈 30,000	0	전부원가계산 순이익 〈 변동원가계산 순이익
합 계	생산량 = 판매량 50,000 = 50,000	변화가 없음	전부원가계산 순이익 = 변동원가계산 순이익

제3절 초변동원가계산

1 초변동원가계산의 의의

초변동원가계산(super-variable costing)은 스루풋원가계산(throughput costing)이라고도 한다. 초변동원가계산에서는 직접재료비만을 제품원가에 포함시키고 나머지 직접노무비와 변동제조간접비 및 고정제조간접비는 발생한 기간에 기간비용으로 처리한다. 즉, 초변동원가계산은 변동원가계산에서 한 발짝 더 나아가서 변동제조원가 중에서도 직접재료비만 제품원가에 포함시키고 나머지 원가는 모두 기간비용으로 처리한다. 초변동원가계산에서는 직접재료비를 제외한 모든 비용을 운영비용이라 하여 고정비로 간주한다. 왜냐하면 생산방식이 노동에 의존하는 방식에서 자동화 설비에 의존하는 방식으로 전환되면서 일정설비를 유지하기 위한 노무비와 제조간접비는 생산량의 변동에 크게 영향을 받지 않는 고정비적인 성격을 가지게 되었으므로 직접재료비 이외의 원가는 진정한 의미의 변동비가 아니기 때문이다. 전부원가계산, 변동원가계산, 초변동원가계산의 제품원가와 기간비용 구성요소를 비교하면 다음 [표 9-4]와 같다.

[표 9-4] 각 원가계산에서의 제품원가와 기간비용 구성요소의 비교

	전부원가계산	변동원가계산	초변동원가계산
제품원가	직접재료비 직접노무비 변동제조간접비 고정제조간접비	직접재료비 직접노무비 변동제조간접비	직접재료비
기간비용	변동판매관리비 고정판매관리비	고정제조간접비 변동판매관리비 고정판매관리비	직접노무비 변동제조간접비 고정제조간접비 변동판매관리비 고정판매관리비

2 초변동원가계산 손익계산서

초변동원가계산에서는 직접재료비만을 변동비로 간주하므로 매출액에서 직접재료비를 차감하여 공헌이익을 산출하는데 이를 현금창출공헌이익 또는 재료처리량공헌이익이라 한다. 현금창출공헌이익에서 직접노무비나 제조간접비, 판매관리비 등의 운영비용을 차감하여 영업이익을 산출한다. 초변동원가계산 손익계산서는 다음과 같다.

초변동원가계산 손익계산서	
Ⅰ 매출액	×××
Ⅱ 직접재료비	×××
Ⅲ 현금창출공헌이익(재료처리량공헌이익)	×××
Ⅳ 운영비용	×××
Ⅴ 영업이익	×××

단위당 가액이 일정하다고 가정할 때 다음에 주의 하여야 한다.

① 매출액과 직접재료비는 단위당 가액에 판매수량을 곱하여 산정한다.

② 운영비용 중에서 직접노무비와 변동제조간접비는 단위당 가액에 생산수량을 곱하여 산정한다.
③ 운영비용 중에서 고정제조간접비는 당기 발생액이다.
④ 운영비용 중에서 변동판매관리비는 단위당 가액에 판매수량을 곱하여 산정한다.
⑤ 운영비용 중에서 고정판매관리비는 당기 발생액이다.

초변동원가계산 손익계산서상의 영업이익은 다음과 같이 산출할 수도 있다.

영업이익 = 단위당 현금창출공헌이익 × 판매수량 − 운영비용

3 초변동원가계산의 유용성과 한계

초변동원가계산과 변동원가계산 및 전부원가계산의 이익 차이를 조정하는 것을 정리하면 다음 [표 9-5]과 같다.

[표 9-5] 이익차이 조정 비교

	초변동원가계산의 이익	xxx
+	기말재고자산에 포함된 직접노무비	xxx
+	기말재고자산에 포함된 변동제조간접비	xxx
−	기초재고자산에 포함된 직접노무비	xxx
−	기초재고자산에 포함된 변동제조간접비	xxx
	변동원가계산의 이익	xxx
+	기말재고자산에 포함된 고정제조간접비	xxx
−	기초재고자산에 포함된 고정제조간접비	xxx
	전부원가계산의 이익	xxx

초변동원가계산과 변동원가계산의 차이는 직접노무비와 변동제조간접비를 제품원가로 볼 것인가 기간비용으로 볼 것인가에 있으므로 기말과 기초재고에 포함되어 있는 직접노무비와 변동제조간접비를 조정하면 된다. 한편, 변동원가계산과 전부원가계산의 차이는 고정제조간접비를 제품원가로 볼 것인가 기간비용으로 볼 것인가에 있으므로 기말과 기초재고에 포함되어 있는 고정제조간접비를 조정하면 된다.

초변동원가계산의 유용성은 ① 재고자산을 보유하고자 하는 유인을 줄여주기 때문에 경영자로 하여금 생산량보다는 판매량을 증가시키도록 유도하고, ② 직접재료비만을 변동비로 보기 때문에 제조원가를 자의적으로 변동비와 고정비로 구분해야 하는 문제가 발생하지 않고, ③ 직접재료비 이외에는 운영비로 처리하기 때문에 적용하기가 간편하다는 점이다.

반면, 한계점은 ① 고정비의 성격이 조금이라도 있는 것은 당기 비용으로 처리하기 때문에 장기적인 의사결정에 적합한 정보를 제공하지 못하고, ② 재고누적을 방지하는 데에만 관심을 갖기 때문에 재고부족으로 인한 기회비용을 간과할 수 있으며, ③ 현금창출공헌이익에 관심을 집중하다보면 판매량을 증가시키기 위해 판매가격을 부당히 인하할 가능성이 있다. 이것은 기업전체의 영업이익에는 악영향을 미칠 수 있고, ④ 재고원가가 낮으면 이익을 가산하는 판매가격이 낮아질 수 있고, ⑤ 운영비용을 발생 즉시 비용처리하기 때문에 수익·비용 대응의 원칙에 위배된다는 점 등이다.

예제 3 초변동원가계산 사례

울산기업은 제품 A를 생산하고 있다. 20X1년 1, 2, 3월의 생산활동 내역은 다음과 같다. 단, 제공품은 없으며 1월의 기초재고도 없다. 직접노무비는 생산량에 비례하는 것으로 간주하며, 재고자산 평가는 선입선출법을 사용한다.

구 분	원가행태	1월	2월	3월
직접재료비(단위당)	변동비	₩2,000	₩2,000	₩2,000
직접노무비(단위당)	변동비	1,000	1,000	1,000
제조간접비				
변동제조간접비(단위당)	변동비	1,000	1,000	1,000
고정제조간접비(총 액)	고정비	750,000	750,000	750,000
생 산 량	-	100개	150개	50개
판 매 량	-	100개	100개	100개
판 매 가 격(단위당)	-	₩30,000	₩30,000	₩30,000
판매비 및 관리비(총액)	변동비 70%	500,000	500,000	500,000

〈요구사항〉 월별로 초변동원가계산 손익계산서를 작성하시오.

➲ 해 답 : 월별 초변동원가계산 손익계산서

	1월		2월		3월	
매 출 액		₩3,000,000		₩3,000,000		₩3,000,000
직접재료비						
기 초 재 고	₩0		₩0		₩100,000	
당 기 투 입	200,000		300,000		100,000	
기 말 재 고	0	200,000	100,000	200,000	0	200,000
스루풋 공헌이익		2,800,000		2,800,000		2,800,000
운 영 비 용						
직 접 노 무 비	100,000		150,000		50,000	
변 동 제 조 간 접 비	100,000		150,000		50,000	
고 정 제 조 간 접 비	750,000		750,000		750,000	
변동판매 및 관리비	350,000		350,000		350,000	
고정판매 및 관리비	150,000	1,450,000	150,000	1,550,000	150,000	1,350,000
영 업 이 익		₩1,350,000		₩1,250,000		₩1,450,000

문제 1 전부원가계산과 변동원가계산: 실제원가계산에서의 비교

어람(주)는 장난감 자동차를 생산 판매하고 있으며 20×1년 12월 31일 첫해 사업을 종료하였다. 사장은 회계담당자에게 외부보고용과 내부보고용 손익계산서를 각각 작성할 것을 지시하였다. 이에 따라 회계담당자는 변동원가계산과 전부원가계산을 이용하여 손익계산서를 작성하고자 한다. 20×1년 관련 자료는 다음과 같다.

기초원가	제조간접비	판매관리비
재료비 : ₩60,000,000	변동비 : ₩21,000,000	변동비 : ₩15,000,000
노무비 : ₩45,000,000	고정비 : ₩30,000,000	고정비 : ₩42,000,000

20×1년 한해 동안 30,000대의 장난감 자동차가 생산되어, 27,000대가 판매되었으며, 단위당 판매가격은 ₩8,000이다. 또한 기초와 기말재공품은 없다.

요구사항

1. 전부원가계산과 변동원가계산의 기말재고자산의 금액을 각각 구하시오.
2. 양 방법에서 기말재고자산의 금액이 다른 이유를 간략히 쓰시오.
3. 변동원가계산의 손익계산서를 작성하시오.
4. 전부원가계산의 손익계산서를 작성하시오.
5. 두 방법 사이의 이익차이를 조정하시오.
6. 사장이 두 가지 손익계산서를 요구한 이유를 설명하시오.

해답

1.

단위당 제조원가

		전부원가계산	변동원가계산
직접재료비	(₩60,000,000÷30,000)	₩2,000	₩2,000
직접노무비	(₩45,000,000÷30,000)	1,500	1,500
변동제조간접비	(₩21,000,000÷30,000)	700	700
고정제조간접비	(₩30,000,000÷30,000)	1,000	—
합　　계		₩5,200	₩4,200

기말재고자산

전부원가계산	3,000×₩5,200	=	₩15,600,000
변동원가계산	3,000×₩4,200	=	₩12,600,000

2. 전부원가계산에서는 고정제조간접비를 제품원가에 포함하고 변동원가계산에서는 고정제조간접비를 제품원가에 포함하지 않았기 때문이다.

3.

변동원가계산 손익계산서

매출액	27,000×₩8,000	=		₩216,000,000
변동비				
변동매출원가	27,000×₩4,200	=	₩113,400,000	
변동판매관리비			15,000,000	128,400,000
공헌이익				87,600,000
고정비				
고정제조간접비			₩30,000,000	
고정판매관리비			42,000,000	72,000,000
영업이익				₩15,600,000

4.

전부원가계산 손익계산서				
매출액	27,000×₩8,000	=		₩216,000,000
매출원가	27,000×₩5,200	=		140,400,000
매출총이익				75,600,000
판매관리비				
변동판매관리비			₩15,000,000	
고정판매관리비			42,000,000	57,000,000
영업이익				₩18,600,000

5. 순이익 차이조정

	변동원가계산 영업이익			₩15,600,000
(+)	기말재고자산에 포함된 고정제조간접비	3,000×₩1,000	=	3,000,000
(−)	기초재고자산에 포함된 고정제조간접비			0
	전부원가계산 영업이익			₩18,600,000

6. 이 유

외부보고목적으로는 고정제조간접비를 제품원가에 포함시키는 전부원가계산이 필요하다. 그러나 성과평가나 단기의사결정을 위한 내부보고목적으로는 변동원가계산이 필요하다. 그러므로 사용목적에 적합한 손익계산서가 필요하기 때문에 사장은 각 방법에 의하여 작성된 손익계산서를 요구한 것이다.

문제 2 전부원가계산과 변동원가계산: 표준원가계산에서의 비교

어람(주)는 표준원가계산에 의한 전부원가계산제도를 채택하고 있다. 다음 자료는 20×4년도의 생산과 영업에 관련된 자료이다.

기초제품수량	6,000 개
당기판매수량	70,000 개
기말제품수량	8,000 개
단위당 판매가격	₩150
단위당 변동제조원가	50
단위당 변동판매관리비	40
단위당 고정제조간접비배부액	10
실제 및 예산 고정제조간접비	1,000,000
고정판매관리비	1,500,000

단위당 표준원가는 전년도와 동일하다. 조업도차이를 제외한 차이는 없으며, 제조간접비차이는 매출원가에서 전액 조정된다. 기초 및 기말재공품은 없다.

요구사항

1. 변동원가계산에 의한 손익계산서를 작성하시오.
2. 전부원가계산에 의한 손익계산서를 작성하시오.
3. 변동원가계산 영업이익을 전부원가계산 영업이익으로 조정하시오.
4. 변동원가계산에 의한 손익분기수량을 계산하시오.
5. 전부원가계산에 의한 손익분기수량을 계산하시오.
6. 전부원가계산과 변동원가계산의 중요한 차이점에 대하여 서술하시오.
7. 변동원가계산의 한계점에 대하여 서술하시오.
8. 변동원가계산에서는 고정제조간접비 조업도차이 존재하지 않는다. 그 이유를 간단히 설명하시오.

해답

1. 변동원가계산 손익계산서

매출액	70,000	×150	=		₩10,500,000
변동매출원가					
기초제품	6,000	× 50	=	₩300,000	
당기제품제조원가	72,000	× 50	=	3,600,000	
기말제품	8,000	× 50	=	400,000	3,500,000
변동판관비	70,000	× 40	=		2,800,000
공헌이익					₩4,200,000
고정비					
고정제조간접비				₩1,000,000	
고정판관비				1,500,000	2,500,000
영업이익					₩1,700,000

2.

예 산	배 부
1,000,000	72,000×10 = 720,000

조업도차이 ₩280,000(불리)

전부원가계산 손익계산서

매출액	70,000	×150	=		₩10,500,000
매출원가					
기초제품	6,000	× 60	=	₩360,000	
당기제품제조원가	72,000	× 60	=	4,320,000	
기말제품	8,000	× 60	=	480,000	
조업도차이				280,000	4,480,000
매출총이익					6,020,000
판매비와 관리비					
변동비	70,000	× 40	=	₩2,800,000	
고정비				1,500,000	4,300,000
영업이익					₩1,720,000

원가차이를 매출원가에서 조정하라고 했으므로 원가차이를 분석하여 매출원가에서 조정하는 과정을 반드시 거쳐야 한다. 그러므로 요구사항에 없더라도 손익계산서를 작성하기 전에 원가차이를 먼저 분석하여야 한다.

3.

변동원가계산 영업이익		₩1,700,000
(+) 기말재고에 포함된 고정제조간접비	8,000×10 = 80,000	
(−) 기초재고에 포함된 고정제조간접비	6,000×10 = 60,000	
전부원가계산 영업이익		₩1,720,000

전부원가계산하에서는 재고증가량(2,000개)에 해당하는 만큼의 고정제조간접비 ₩20,000 (= 2,000×10)이 비용화되지 않고 재고자산으로 계상되었기 때문이다.

4.

$$\text{손익분기수량} = \frac{\text{고정비}}{\text{단위당공헌이익}} = \frac{₩2,500,000}{₩150-(₩50+₩40)} = 41,667\text{개}$$

5.

$$\text{손익분기수량} = \frac{\text{고정판관비}\pm\text{원가차이}}{(\text{판매단가}-\text{단위당변동비}-\text{단위당고정제조간접비배부액})}$$

$$= \frac{₩1,500,000+₩280,000}{₩150-90-10} = 35,600\text{개}$$

6. ① 전부원가계산에서는 고정제조간접비를 제품원가에 포함시키나 변동원가계산에서는 고정제조간접비를 제품원가가 아닌 기간비용으로 처리한다.

② 전부원가계산의 순이익은 판매량과 생산량의 영향을 받으나 변동원가계산의 순이익은 판매량의 영향을 받는다.

③ 손익계산서 작성시 전부원가계산에서는 비용을 기능별로 분류하나 변동원가계산에서는 비용을 행 태별로 분류한다.

7. ① 외부보고 목적으로는 변동원가계산이 인정되지 않는다.

② 모든 원가를 고정비와 변동비로 구분하는 것은 사실상 어렵다.

③ 재고자산의 가치를 과소평가 한다.

④ 고정제조간접비의 중요성을 간과하면 장기의사결정에 오류가 발생한다.

8. 변동원가계산에서는 고정제조간접비를 제품원가로 인정하지 않고 기간비용으로 처리한다. 따라서 제품원가를 계산하기 위한 고정제조간접비배부라는 개념자체가 존재하지 않는다. 그러므로 조업도차이는 발생할 여지가 없다.

문제 3 전부원가계산과 변동원가계산: 정상원가계산에서의 비교

어람(주)는 생활공구를 만드는 회사이다. 회사는 외부보고목적으로는 전부원가계산을, 내부관리용으로는 변동원가계산을 사용하고 있다. 다음은 회사의 5월의 생산관련 자료이다.

기초제품	:	2,000단위	
당기판매량	:	18,000단위	(판매가격@₩800)
기말제품	:	3,000단위	
단위당 원재료비	:	제품단위당 ₩10	
시간당 직접노무비	:	시간당 ₩1,000	
변동제조간접비 배부율	:	직접노무비의 400%	
고정제조간접비 배부율	:	제품단위당 ₩100	
단위시간당 제품제조량	:	시간당 10개	

5월의 실제 발생된 고정제조간접비는 ₩2,000,000이며 회사는 제조간접비의 차이를 매출원가에서 가감하는 방식으로 처리하고 있다. 또한 법인세율은 30%로 세무당국에서는 전부원가계산에 의하여 법인세를 납부할 것을 요구하고 있다. 전기와 당기의 단위당 원가는 동일하며, 재공품재고는 없다. 고정제조간접비 배부차이 이외의 배부차이는 발생하지 않았으며, 판매관리비는 발생하지 않는 것으로 가정한다.

요구사항

1. 전부원가계산에 의한 손익계산서를 작성하시오.
2. 변동원가계산에 의한 손익계산서를 작성하시오.
3. 초변동원가계산에 의한 손익계산서를 작성하시오.
4. 초변동원가계산 이익에서 출발하여 변동원가계산 이익과 전부원가계산 이익을 차례로 산출하시오.
5. 회사가 제조간접비의 배부차이를 매출원가에서 가감하지 않고 재고자산의 조정항목으로 이연한다고 할 경우 전부원가계산과 변동원가계산의 손익계산서를 작성하고, 이익차이를 조정하시오. 단 법인세율은 없으며, 전월의 고정제조간접비 배부차이는 과소배부금액₩50,000이라고 가정한다.

해답

1.

매출액	18,000×₩800	=	₩14,400,000
매출원가	18,000×₩610[1)]	=	10,980,000
제조간접비배부차이			100,000[2)]
매출총이익			3,320,000
법인세			996,000
당기순이익			₩2,324,000

1) 단위당 매출원가 : $10+\frac{1,000}{10}+\frac{1,000}{10}\times 400\%+100=$ ₩610

2) 고정제조간접비 배부액 19,000×100 = ₩1,900,000
고정제조간접비 실제발생액 2,000,000
고정제조간접비 배부차이(부족배부) (₩ 100,000)

2.

매출액	18,000×₩800	=	₩14,400,000
변동비			
변동매출원가	18,000×₩510	=	9,180,000
공헌이익			5,220,000
고정비			
고정제조간접비			2,000,000
영업이익			3,220,000
법인세			996,000
당기순이익			₩2,224,000

3.

매출액				₩14,400,000
재료비	18,000×₩ 10	=		180,000
재료처리량공헌이익				14,220,000
운영비				
노무비	19,000×₩ 100	=	1,900,000	
변동제조간접비	19,000×₩400	=	7,600,000	
고정제조간접비			2,000,000	11,500,000
영업이익				2,720,000
법인세				996,000
당기순이익				₩1,724,000

4.

초변동원가계산에의한 이익			₩1,724,000
+) 기말재고에 포함된 변동제조간접비,직접노무비	3,000×₩500	=	1,500,000
−) 기초재고에 포함된 변동제조간접비,직접노무비	2,000×₩500	=	1,000,000
변동원가계산에의한 이익			₩2,224,000
+) 기말재고에 포함된 고정제조간접비	3,000×₩100	=	300,000
−) 기초재고에 포함된 고정제조간접비	2,000×₩100	=	200,000
전부원가계산에의한 이익			₩2,324,000

5.

	전부원가계산		변동원가계산
매출액	₩14,400,000	매출액	₩14,400,000
매출원가	10,980,000	변동비	
영업이익	3,420,000	변동매출원가	9,180,000
		공헌이익	5,220,000
		고정비	
		고정제조간접비	2,000,000
		영업이익	₩3,220,000

변동원가계산에 의한 이익			₩3,220,000
(+) 기말재고자산에 포함된 FOH	3,000×100+150,000[1)]	=	450,000
(−) 기초재고자산에 포함된 FOH	2,000×100+50,000	=	(250,000)
전부원가계산에 의한 이익			₩3,420,000

1) 5월말 현재 과소배부금액 누적액은 당월분 ₩100,000에 전기분 ₩50,000을 가산한 금액임에 주의할 것.